茨城
古民家・レトロ
めぐり旅

増補改訂版

こだわりの空間とすてきなお店へ

ゆたり編集室　著

Mates-Publishing

縁側に降り注ぐ、ぽかぽかの陽ざしに誘われる心地良いひととき。
暑い夏、土間へ下りると少し涼しく、触るとひんやりとした感覚。
暗い物陰に、もののけが潜んでいそうな蔵。

たわいもない記憶かもしれないけれど、
私たちの文化が生み出した大切なもの。
活字や写真、映像の中だけではなく、次の世代に伝えていきたい。

先人の知恵や思いの詰まった日本の伝統家屋は、
200年300年と住み継ぐことができるといいます。
黒光りするほど磨かれた大黒柱は、荏油《えあぶら》で何度も手入れされた証。
幾重にも重ねられた年輪が、経てきた長い時を語る太い梁《はり》を
建築当時の大工さんたちは
誇らしげに見上げたことでしょう。
「この家は、この先ずっと住む人を守ってくれるだろう」

これからご紹介するのは、
〝継ぐ〟ことを選んだ人たちの物語です。
便利で快適な生活を追い求めてしまう現代に、
その道は想像する以上に困難で、覚悟が必要なことに違いありません。

この本を手に取ってくださった皆さんが、
気になる場所を見つけ、足を運んでくれますように
そして、そこが長くともに歩める
大切な空間となることを祈って…。

最後になりましたが、この度、2020年の「茨城 古民家・レトロめぐり旅」より
4年が経ち、増補改訂版が発行となりました。
お忙しい中、取材にご協力くださいました関係者の方々に心より御礼申し上げます。

もくじ＆掲載店一覧

本書は2020年発行の『茨城 古民家・レトロめぐり旅 こだわりの空間とすてきなお店へ』を基に、新しいコンテンツを追加し、ページの増量と必要な情報の確認を行い、「増補改訂版」として新たに発行したものです。

※この情報は2024年11月現在のものです。営業時間や休業日、価格などが変更になる場合がございますので、事前にご確認ください。
※料理の内容は撮影時のものです。季節やその日の仕入れによって内容が異なりますのでご了承ください。
※価格は特別な記載がない限り税込表示となります。

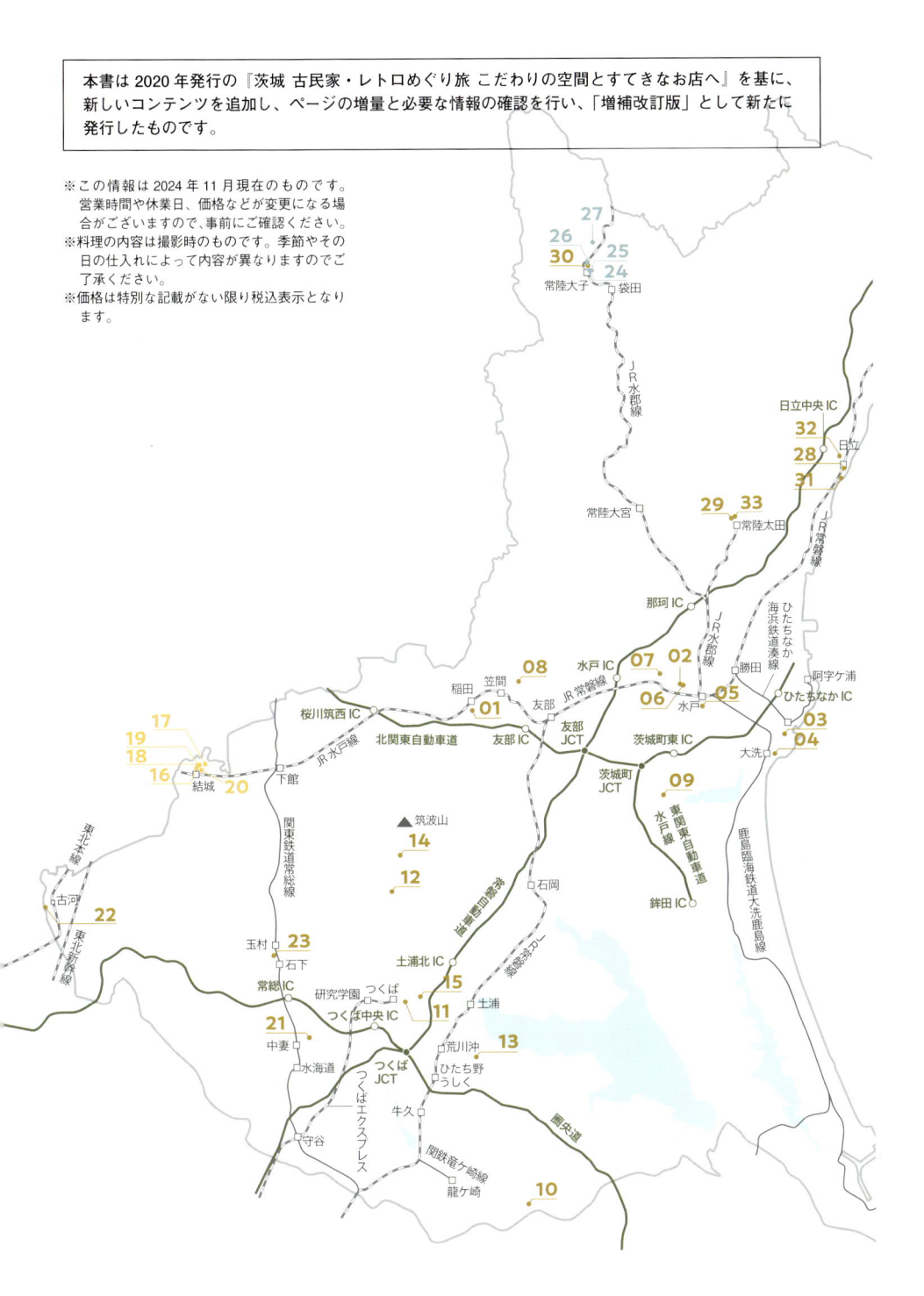

01
KASAMA

日本酒文化長屋 磯蔵

ニホンンシュブンカナガヤ イソクラ

徹底して“手づくり”にこだわり抜いた
酒蔵五代目蔵主、20年越しの夢の形

米蔵の構造を生かしつつ、柱を増設し柱同士の間隔を短くすることでパースペクティブを強調し、軒下空間をよりドラマティックに演出しています。照明はオーデリックの既製品。「形が好きで。リノベーションで使った数少ない既製品の一つです」と磯さん。

酒屋、カフェ、ギャラリーなどが隣り合う「長屋」

笠間の地で１５０余年に渡り酒づくりを続け、年に一度開催される「ちょっ蔵 新酒を祝う会」では２，０００人ものファンを集める磯蔵酒造。〝酒は人ありき…〟を理念に掲げ、多様な人脈を持つことで知られる五代目蔵主の磯貴太さんが、敷地内にある大正時代に建てられた米蔵を1年がかりでリノベーションし、２０２３年に開設したのが「日本酒文化長屋 磯蔵」です。

青空の下、水平に広がる濃い灰色の漆喰《しっくい》壁と瓦屋根。その前にちょこんと鎮座する2体の狛犬に迎えられ内部に足を踏み入れると、一転して軒下のやわらかな光に満ちた和空間が待ち受けます。酒屋、ギャラリー、カフェ、日本酒バーなどが軒を連ねるように並ぶ空間は、文字通

り古き良き日本の長屋のイメージです。

２０２４年度の「いばらきデザインセレクション」で見事大賞に輝いたこの建築作品。クレジットに建築士や施工会社の名前が一切見当たらないのは、当主の磯さんが思い描いたイメージを具現化する形で、磯さんと長年交友関係にある大工さん、左官屋さん、瓦屋さん、鍛治屋さん、工芸作家さん、コンクリート屋さん、石屋さんら10名あまりが本職と本職以外の得意分野で力を合わせ、仕上げていったものだからです。

「私は、経年変化で味が出る自然素材が好きで、機械で加工された直線や研磨されたツルツルが大嫌い。頑固でわがままな性分なので、建物を思い通りに仕上げるには、結局自分たちでやるのがいちばん手っ取り早かったんですよ」と磯さん。

建物奥に位置するカフェ「茶寮 き楽」からの眺め。優美な印象のテーブルと椅子は、知人が営むフランス料理店が閉店する際に譲り受け、長年保管していたもの。天井には、オリジナルの“きんとん雲”型照明が存在感を放ちます。

ルールは、〝機械で作られたものは使わない〟

じつは、磯さんがリノベーションの構想を思い描き始めたのは、20年も前のこと。以来、頭の中のイメージに沿う建具や家具の収集を一人続けてきたといいます。女将の光子さんは、「主人が巨大な鉄製の扉を他県から持ち帰ってきたときには、頭がヘンになってしまったのかと思いました」と笑います。

それらの家具類を含めて、長い間さまざまな物が雑多に置かれていた米蔵を一気に整理するきっかけとなったのは、他でもないコロナの流行でした。「コロナの数年間、我々酒蔵は本当に仕事を失いまして。やることがないので、仕方なくかみさんと二人で蔵の掃除を始めたんです」（磯さん）。1年がかりで蔵の掃除を終わらせた２０２２年のその時が、同時に磯さんの20年来の夢の形を現実世界へと表出させる出発点となりました。

リノベーションに際して磯さんが設けたルールは、〝機械で作られたものは使わない〟ということ。エアコンや冷蔵庫、一部の照明以外は、外装、内装から建具、家具、部品に至るまで人の手で作られたものだけを採用し、新しい資材を使う際にも、「ウェザリング」と呼ばれる模型に汚れや風化の表現を加える技法を用いて、米蔵に刻まれた時の流れを阻まないことを優先しました。

青空の下、灰色の漆喰壁と瓦屋根が水平にどこまでも伸びていくような外観に圧倒されます。入り口で迎える２体の狛犬は、磯さんが知人に懇願し続け譲り受けた“宝物”。

2

1　毎月十五夜「満月酒場」と十六夜「十六酔乃宴」が催される「慈酒 BAR」。
2　地酒ではなく“慈酒”。ネーミングにも蔵主の磯さんの思いがあふれます。独特の形のスツールも作家によるオリジナル。　3　陰影を生かした光の演出が空間を表情豊かに彩ります。

3

1

磯蔵の商品がすべて購入できる「酒屋ちょっ蔵」。置かれたすべての商品の試飲が可能。その奥に続くスペースでは、スタッフが厳選した酒器や雑貨などが販売されています。

日時限定のメニューや催しでファンを魅了

「ここができてからは、たくさんの方とお話しできるようになって本当に楽しい」と光子さん。カフェで木曜日にのみ提供される「シェフ特製カレー」や、バーで開催される「満月酒場」、「十六酔乃宴」といった日時限定の仕掛けも奏功し、県内外からさまざまな人たちが思い思いの期待感を抱いてここを訪れます。

米蔵が経てきた大正時代からの時の流れに、夫婦で苦境を乗り越えながら歩んだ時間の軌跡が連なり、そこに仲間たちとリノベーションに情熱を傾けた得難い時間が加わって醸成された、この場でしか生まれ得ない独特の風情。「日本酒文化長屋 磯蔵」は、これからも人々との出会いと時の流れを重ね、その滋味を深めていきます。

「これからは二人で好きなことを命がけで楽しんでいこうと話しています」と、五代目蔵主の磯貴太さんと女将の光子さん。

INFORMATION

address｜笠間市稲田 2281-1
tel｜0296-71-5221
open｜11:00 ～ 18:00
close｜火、水（祝日の場合は営業）
money｜カード可（飲食は不可）
web site｜https://isokura.jp/nagaya/　インスタグラム、フェイスブックあり

ACCESS｜稲田駅から南へ約220m（徒歩で約3分）

4　酒蔵に欠かせない“菌”へのオマージュが各所に。　5　人型がなんとも愛らしい案内板。　6　緑豊かな庭園散策も楽しい。酒蔵ツアーも実施しています（要予約）。　7　大正元年に建てられた「はなれ」と呼ばれる趣に満ちた宴会場。ふすま絵は明治期の日本画家、木村武山と下村観山が手がけたものです。

02
MITO

ワインオクロック

ワインオクロック

昭和の面影を残す泉町会館が
女性ソムリエが開くワインバーに

「泉町會館」の看板文字が昭和の風情を残しています。店舗は「ドメーヌ水戸」の醸造所と隣り合わせ。

上質な雰囲気のあるカウンター。厳選されたワインを堪能。

外はレトロ、中はモダン

飲食店やオフィスが立ち並ぶ、水戸市中心部にある泉町会館は、昭和30年に完成しました。レトロな外観が目を引き、モルタル製のアーチ状の玄関など昭和の風情を残しています。これまで、産直などのイベントで使われてきましたが、平成30年11月におしゃれなワインバーに生まれ変わりました。店を開くのは、シニアソムリエの和田まゆみさん。OL時代にレストランでワインの奥深さを知り、思い切って飲食業に転職。ソムリエの資格を取得し、市内のホテルなどで経験を積み独立。

「女性一人でもワインを気軽に楽しめる店をつくりたかった。表通りという立地、ガラス張りのワイドな開口、吹き抜けのエントランスなど、条件にぴったりの建物でした」と和田さん。

リラックスできる〝ワイン時間〟を

フランスのポムロールにて。現地のワイナリーに赴き、産地の背景や生産者の思いを伝えている和田さん。

内装は、過去に訪れて印象に残っているギリシャのイメージ。壁に天然木を使い、椅子のシートに緑色、天井は白、床はツヤ出しのコンクリートなど、素材や色遣いで温もり感を演出。また、高めの椅子とテーブルを置いたフロア、高級感のあるカウンター、ゆっくり過ごせるテーブル席など、フロアごとに雰囲気を変えています。

壁に埋め込まれた特注の大きなワインセラーには、厳選したワインが並びます。フランス、ギリシャ、ポルトガル、日本など常時20～30種類。注文時に和田さんに尋ねれば、ワインの味、生産地や生産方法などを丁寧に説明してくれるほか、ワインに合う料理も提案してくれます。フードメニューはおつまみから、しっかりとした食事まで健康と美を考えた構成です。店名は〝ワインを飲んで、笑顔でリラックスできる時間を〟という思いが込められています。

落ち着いた雰囲気の２階テーブル席。ワインのセミナーやイベントにも使用。

1　吹き抜けのあるエントランス。白い壁と木の組み合わせで温もり感を演出。　2　米製天然木のブロックを施した壁にワインが映えます。
3　1階奥に設けたテーブル席はプライベート感があり、ワインと食事がゆったりと楽しめます。

4

5

4　新陳代謝を高め、美肌効果も期待できる「つくば鶏もも肉のソテー レモンとトリュフの香り」（980円）。　5　低温でしっとり仕上げた「ローストビーフ・クコの実ソース」（1,400円）。

INFORMATION

address｜水戸市泉町 2-3-17　泉町会館　tel｜029-306-9777
open｜18:00 ～ 24:00（L.O.23:30）
close｜木、不定休あり
seats｜1階 24席　2階 20席
money｜カード可
web site｜https://wwineoclock.wixsite.com/wineoclock

ACCESS｜水戸駅から水戸芸術館方面へ約1.8km（車で約5分）

03
OARAI

カフェ キャラメルママ

カフェ キャラメルママ

海辺の別荘として建てられた瀟洒《しょうしゃ》な日本家屋で、
季節の手作りケーキをゆっくり味わう至福

一面ガラス張りの空間にゆったりと配置されたテーブルと椅子。庭を眺めながらゆっくりとくつろげるようにと、椅子の高さは低めのものがセレクトされています。

希少な黒柿の床柱、建具の精緻な細工

大洗の海にほど近い住宅街に、築100年の木造住宅を改装した、毎週末3日間だけ開くカフェがあります。店主の黒田信次さんと妻でパティシエの智江さんが、手作りケーキとハンドドリップコーヒーの店として平成28年に始めました。

もともと「カフェ キャラメルママ」は、智江さんが自宅の一角でケーキを販売していた時の屋号でした。ご主人の定年を機に二人で店舗を持つことを決断し、場所を探し始めたそうです。「この建物は、大正の終わりか昭和初期に建てられた住宅で、那珂湊で商売をされていた方の別荘だったようです」と信次さん。床柱には希少で高価な黒柿の木材が使われ、建具などの細工もとても精緻。随所に贅を凝らした作りが見て取れます。「保存状態も良く、大きさも二人でやるのにちょうど良くて。客席はほぼそのままの状態で使っています。床を板張りにして壁を塗り替えたくらいで」。

入り口近くに集約された電気のスイッチ群は、現在もそのままの形で活用しているそう。「すべての明かりをここで操作できてとても便利です」と店主の信次さん。

1　広々とした玄関まわり。　2　玄関内部のディスプレイ。壁の丸い意匠に合わせて、部屋の電球も球体のものが選ばれています。
3　紅茶と加賀棒茶は、この色とりどりの南部鉄器のティーポットを使って提供されます。たっぷりと楽しめるのがうれしい。ハンドドリップコーヒーもおすすめです。

この建物に釣り合うお菓子を提供するのが努め

合わせる家具はシンプルでモダンなものを選び、和と洋がすっきりと調和する落ち着きある空間に仕上げました。オープンから7年が経った今、若い世代から年長の方まで予想を超えるさまざまな人が訪れ、思い思いにくつろぎの時間を過ごしていくと言います。「だから、この建物との巡り合わせに本当に感謝しています。建物と釣り合うように、私もお菓子作りの技術をもっと磨かなくては」と智江さん。

店名の「カフェ キャラメルママ」は自身が敬愛する70年代の日本の音楽ユニットにちなんで、ご主人がつけたもの。愛らしい響きから、厨房で奮闘する奥さまへのエールが伝わってきます。

休業日もケーキの仕込みや店内のリセットに大忙しという黒田さん夫妻。「充実の日々です」と口をそろえます。

4

5

4「チーズタルト」。5「キャラメルショコラ」。生ケーキは智江さんがすべて一から手作りします。季節の果物を生かしたケーキも人気。

INFORMATION

address｜東茨城郡大洗町磯浜町 8033　tel｜029-352-2786
open｜金、土、日 11:00 ～ 18:00　close｜月、火、水、木
seats｜15 席　予約優先
money｜電子マネー可（PayPay）
web site｜フェイスブックあり

ACCESS｜大洗駅から北東へ約 3.6km（車で約 10 分）

写真左上、長押《なげし》の上の額はこの家にあったもの。「世間の喧騒を離れ、心を養い、次に向かう」という書に、ご夫妻の思いが重なります。

04

OARAI

波と月

ナミトツキ

潮風に心ほぐれる古民家リトリートハウス
1日1組限定の癒やしの宿とネオ中華ダイニング

元は酒屋だった大きな建物の梁《はり》はそのままに、２階まで吹き抜けの開放的な空間でゆったりと食事が楽しめます。

港街に溶け込む赤さび色の外観。大谷石を配した広い庭も美しい。「日本空間デザイン賞2024」受賞の空間を味わってください。

地域とつながる宿と飲食店の複合施設

大洗町磯浜。観光やレジャーでにぎわう海岸の大通りから小さな通りに入ると、そこには温もりが感じられる昔ながらの商店街があります。その商店街の一角に２０２３年12月にオープンしたのは、おしゃれな飲食店と癒やしの宿が融合した複合施設「波と月」。まず目を引くのは、赤さび色とシルバーのツートンの外観。この建物は地域の人に古くから親しまれていた酒屋の店舗兼住居をフルリノベーションしたもので、海辺の商店街になじむように、あえて赤さび色の風合いに。２階部分のシルバーの鉄板も、お客さまと刻む月日とともにやがて赤さび色に変化していくそうです。

地元の食材を生かしたネオ中華ダイニング。カウンター席に座れば、スタッフとの会話もはずみ食事もお酒も進みます。

食事、宿、町を楽しむひととき

通りに面した大きなガラス窓からは、温かな光とともにおしゃれなカウンターが垣間見えます。こちらは茨城の食材をふんだんに用い、中華をベースにした創作料理を提供するネオ中華ダイニング「KURAGE」。宿泊客に限らず一般のお客さまももちろん利用可能で、ランチから夜の食事まで楽しめます。奥にはゆったりとしたテーブル席があり、2階まで吹き抜けの開放的な空間で、地元の作家によるアートや庭の景色を眺めながら食事やお茶をゆっくりと楽しむことができます。

宿泊のお客さまは1日1組限定の一棟貸し。民泊形式で裏手の入り口から自由に出入りできます。1階から2階の宿泊者用のエリアは、快適でおしゃれな居住空間となっており、家族や友人と自由気ままに過ごせます。キッチンも完備され、大洗の海の幸を調理して味わうなど、まるでこの町で暮らしているかのように滞在できます。ここは日常の喧騒を忘れ、心からリフレッシュできる〝リトリートハウス〟です。

「奥久慈卵の贅沢プリン」。昔ながらの喫茶店で見かけるような懐かしさを感じる固めの食感が好評です。

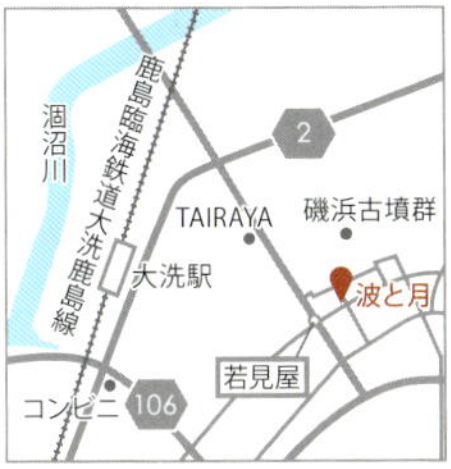

INFORMATION

address｜東茨城郡大洗町磯浜町 938-2　tel｜029-352-2232
open｜［カフェダイニング］11:30 ～ 22:00（L.O.21:30）
［宿泊］チェックイン 15:00 ～ 19:00　チェックアウト 11:00
close｜［カフェダイニング］月（月曜祝日の場合は翌平日休業）　［宿泊］定休日なし
seats｜［カフェダイニング］テーブル席 15 席　カウンター席 9 席
［宿泊］一棟貸し 6 名（子ども含めて最大 10 名）
web site｜https://nami-tsuki.com/　インスタグラム、フェイスブックあり

ACCESS｜大洗駅から東へ約 1km（車で約 4 分）

1　フレッシュトマトの食感が新しいエビチリ。選べる KURAGE ランチプレートの一品。　2　庭には宿泊のお客さま専用のプライベートサウナも完備。　3　宿泊スペースのキッチンは食器や調理器具も充実。大洗の新鮮な食材をすぐに調理できるのもうれしい。　4　寝室はゆったりとくつろげる和モダンの空間。

05 MITO

百年百貨店

ヒャクネンヒャッカテン

明治時代の醤油蔵と
大型古家具が生み出す
重厚かつ静謐《せいひつ》な空間

天井を取り払い、丸太梁《はり》があらわになった空間。醤油蔵だったため、梁には酵母菌が付着した跡も残り、さらに味わいが増しています。

「百年百貨店」の外観。屋根は、残念ながら東日本大震災で瓦が落ちてしまったため、現在は板金で葺き直されています。

百年を優に超える木造建築

茨城町にある人気アンティーク家具店「BACK YARD」の姉妹店として、２０１７年にひたちなか市にオープンした「百年百貨店」。現在は場所を水戸市に移し、明治時代から醤油蔵として使われていた築１１５年にもなる大型の木造建築を店舗&ギャラリーとしています。

太い柱と梁で構成される重厚な空間。その建物と呼応し合うように並ぶ、素朴ながら趣深い佇《たたず》まいのアンティーク家具。それらが一体となって静かな迫力を放ち、見る者を魅了します。

「家具をシンプルに並べるだけでこの雰囲気を生み出せるのは、ほかでもないこの建物のおかげです。これだけ大きな明治時代の建物は、今はなかなか残っていないと思いますから、出合えて本当によかったと思っています」と語る店主の小橋博之さん。

倉庫として使えるような建物を不動産会社のホームページ上で探していたところ、この建物の借主を募集する告知が目に留まり、早速現地へ赴いたといいます。がっしりとした骨組み、高い天井、土壁と土間で構成される大きな空間は、小橋さんが求める店舗＆ギャラリーのイメージにぴったりで、すぐに賃貸の契約を結んだそうです。「醤油の醸造所としての役目はもうだいぶ前に終わっていたようで、内部はほぼ現在の状態になっていました。なので、僕はリノベーション的なことはほとんどしていないんです。自分で照明をつけたくらい」。

建物内部の右側の壁面には、板が打ちつけられています。「これも以前の状態のままです。昔は大きな開口だったのでしょうかね」と小橋さん。

一点物だから、他人と同じにならない

　この空間を意識して、商品構成は、姉妹店の「BACK YARD」と比べてより古くて希少価値の高い、大型な日本製のものがそろえられています。「その分、少し高価なのですが」と小橋さんは説明しますが、「BACK YARD」同様、アンティーク家具＝高価という概念を覆すような良心的な価格設定がここでも貫かれています。「大型の家具が多いので、お客さまには店舗用の什器を探しにいらっしゃる方が多いですね。美容室とかカフェとか。あとは、初めて家を建てるご夫婦が自宅用の家具を探しにいらしたり」。

　アンティーク家具は基本的に一点物で、同じものを所有している人がまずいないところが魅力。自分だけの家具を持ちたいと考える人たちが、良い品をリーズナブルに入手できるこの店に足を運びます。

写真ではわかりづらいですが、軒下にはスワッグが。枯れた草花の佇まいが、店の雰囲気と見事に調和しています。

中〜大型の棚が整然と並ぶだけで、独特の存在感を放ちます。商品の中には鏡台や椅子なども。

2

1

1　大型の棚は、美容室やカフェなどの什器として求めていく人が多いそう。　2　小橋さんおすすめの明治時代の薬棚。取手金具も凝っています。各商品の価格は店で確認を。

3

3、4　ディスプレイに使われているアンティークの花瓶など小物類も、基本的にすべて商品として購入可（植物は除く）。　5　小橋さんの趣味である年代物のヴェスパ。ライトを照明として使用しています。

4

5

おめかしはさせたくない

小橋さん自身も、子どものころから古い物に魅了されて育ってきたそう。昔から、家具に限らず、何でも古い物が好きで集めてきたと言います。「今でも方々に声をかけて、家でも家具でも車でも、壊されたり廃棄されたりしそうな物があれば、引き取ってなるべく残したいという思いでやっています。新品でピカピカじゃないところが良いんです。時間を経た分、力が抜けていて、恰好をつけていないところが、古い物の何にも代えがたい魅力ですね」

　仕入れた家具は、丸ごと水洗いし立て付けを調べて、不具合がある箇所はすべて、木工職人としての経験も持つ小橋さん自身の手で修繕します。その後は、塗装を施さないのが小橋さんの流儀。「家具に刻まれた長年の仕事の跡こそが魅力だと思うので。年月をかけないと出ない表情ですから、そこにおめかしさせるようなことはしたくないんです。だから次に使う人にも、オリジナルのまま、使い込まれたままの状態で受け継いでもらえるとうれしい」と語ります。

　小橋さんの元で傷を癒やし、少しの間休息したアンティーク家具は、来たときよりも生き生きとした表情を湛《たた》えてまた新たなオーナーの元へと向かいます。

広い空間にゆったりと展示されているので、間近で見るだけでなく、少し遠めから眺めて確認できるのもうれしい。

6　中央の板にチョークで描かれた「百年百貨店」の看板。　7　ライトや計りなどの小物にも掘り出し物が。　8　ドアなど大型建具がそろうところも人気の理由の一つです。

INFORMATION

address｜水戸市元台町 1561　tel｜090-8806-0266
open｜お昼くらいから日没くらいまで
close｜不定休
money｜カード不可
web site｜インスタグラムあり

ACCESS｜水戸駅から南へ約1.8km（車で約5分）

06
MITO

水戸木村屋

ミトキムラヤ

風格を残す看板建築の老舗に
時を経たパン文化が薫る

飲食店やオフィスが並ぶ表通りにあり、レトロな外観が目を引きます。

今と昔のテイストが宿る

大正15年創業。その名の通り、銀座木村屋ののれん分け。「水戸でいちばんのパン屋をやりたい」と初代が開業しました。最初の店舗は、残念ながら水戸大空襲で焼失。昭和28年、今では貴重な存在となった看板建築の住居兼店舗が建てられました。洗い出しコンクリート張りの外観は、雨風で鍛えた風格ある表情を見せています。平成21年のリニューアルでは、〝木村屋〟の屋号を掲げた外観はそのままに、店内の改装と建物の補強を施しました。曲線のデザインとモザイクタイルが印象的な開口部、ブルーグレーとオレンジの配色をポイントに使った内装に、作家物の家具を置くなど、趣きのある空間が広がっています。三代目の中山俊宏さんはフレンチを勉強し、ソムリエの資格も取得。ワインに合うパンを提供する一方、「父が作っていた昭和のパンも置きたかった」という思いがあり、和洋の文化が感じられる雰囲気にこだわったのです。

モザイクタイルを施し、アーチ型のデザインを取り入れた正面入り口。

焼き立てのパンが並ぶ。奥の厨房からはパンの焼ける良い匂いが店先まであふれ出します。

朝早くから仕込み、次々とパンを作る中山俊宏さん。

昔ながらのパン、本格総菜パン、フランスパン

あんぱん、カレーパン、甘食など、懐かしのパンを大切にしながら、フレンチの手法を取り入れた新感覚の商品を展開。常陸牛のメンチやコロッケなど、地域の食材を使った本格的な総菜類は、かつての料理の経験が生かされたオリジナル。おしゃれなイートインスペースで、好きなパンとコーヒーを味わい、それぞれのオフタイムを満喫してみては。

1　パリッと香ばしいフランスパン。　2　木村屋のマークの立て看板。　3　イートインできるテーブル席。

INFORMATION

address｜水戸市南町 3-5-3　tel｜029-221-4470
open｜8:00 ～ 18:00
close｜土、日、祝
seats｜7 席
money｜カード可 電子マネー可
web site｜インスタグラムあり

ACCESS｜水戸駅から水戸芸術館方面へ約1.3km（車で約3分）

4

4　ちょっとぜいたくな「常陸牛メンチカツパン」（506 円税別）。

07
MITO

ミセルくらし PUNTO

ミセルクラシ プント

作家の思いをつなぐ
点の一つになること

企画展の間も、夫妻と付き合いの深い作家の作品は窓際などのスペースに常設されます。窓枠や椅子は、夫妻がやすりをかけ自分たちで塗装を施したもの。

昭和35年代の2階建てRC造

「ミセルくらしPUNTO」は、グラフィックデザイナーの甲高美徳さんと、妻の純子さんが営むギャラリーショップです。甲高さんは、水戸を拠点にデザイン業を営む傍ら、数々のイベントの運営を手掛ける人物。毎年春と秋に水戸芸術館の広場で開催される人気の「あおぞらクラフトいち」や、秋に行われるさまざまな文化的なプロジェクトを組み合わせた「水戸クリエイティヴウィーク」など、芸術文化を媒介にしたイベントを展開し、水戸の町に刺激を与える試みを長きに渡り続けています。

甲高さんの事務所とギャラリーショップ「PUNTO」が入るこの建物は、昭和30年代後半〜40年代に建てられたRC造（鉄筋コンクリート造）で、「元々は、美容室の店舗とスタッフの住み込み部屋として

外観正面。造形作家山田圭一さんによる鉄のオブジェのような扉と、グレイッシュブルーの窓枠が印象的。

使われていたもの」とのこと。

「僕が古い建物が好きで、事務所兼住まいにできるような建物を探している中で、平成16年に出合いました」と甲高さん。借りた当初は自分自身でリノベーションをするつもりで天井を壊し始めたそうですが、すぐに自分一人では手に負えないと気づき、知人で鉄を扱う造形作家の山田圭一さんに助けを求めたそうです。「一人でやるのは無謀でしたね（笑）。山田さんがリノベーションも手掛けていると聞き、お任せすることにしました」。

改装後は、1階を事務所、2階を住まいとしていましたが、イベント運営などを通じて多くの作家たちと知り合っていくうちに、店舗開設への思いが夫妻の中で募っていきます。「作家さんたちと僕らがもっと恒常的につながれる場を持ちたいと思うようになったんです。それで、作品を企画展示して販売す

入り口から見た内部の様子。撮影時には「それぞれの世界」と題された４人の作家による企画展が開催中で、独特の表情を見せる人物や動物を象った小作品が展示されていました。

る店舗をやってみようかということになりました」。再び山田さんに工事を依頼し、事務所を2階に移し、1階をギャラリーショップとして改装する計画が進められました。展示スペースを確保するために一部の窓をなくして壁面にしたり、入り口のスペースを広げたり。「私たちも、できるところは手伝いまして」と純子さん。「通りに面した窓のフレームは、元はアルミサッシだったのですが、機械でやすりをかけ、ペンキを塗って仕上げたりしました」。建物の正面には、山田さんによる鉄のオブジェのようなシンボリックな扉が制作され、「PUNTO」の店構えが完成。平成24年8月、夫妻は無事オープンの日を迎えました。

2ヵ月に一度のペースで企画展を開催

現在は、純子さんが中心となって運営し、2ヵ月に一度のペースで企画展を開催しています。「扱うものは本当にいろいろなのですが、基本的に、作家さんがどういう方なのか自分で理解した上で、作品を直接受け渡せる方と一緒にお仕事をしています」と純子さん。「店を持ったことで、鑑賞しているだけではわからない、その人の生活のどこから作品が生まれているかというところまで目にできるようになり、とても勉強になりますし、そのことが私の日々の糧にもなっています」。作家が作品に込めた思いを、買い求める人に自然な形で丁寧に伝えていくことが、自らの使命だと考えています。

夫妻が平成16年から平成29年まで発行していたフリーペーパーの「Mapi Navi」。ビルのリノベーションについて報告した号も。

接客はショップマネージャーの純子さんが行います。作家が作品に込めた思いを、押し付けにならないよう配慮しながら伝えます。

1　模様の摺りガラスは、元々このビルで使われていたもの。　2　鈴木美汐さんの作品など、笠間を中心とする人気作家の作品も多数並んでいます。　3　不要となった自転車のパーツを小物として再生させる gunung さんの作品。

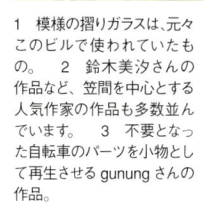

常設展示される長崎県波佐見を拠点とするsenの作品。控えめに刻まれた美しい模様が、使い手の日常をさりげなく彩ります。

作家の日常に触れる喜び

「PUNTOは、イタリア語で点の意味。私たち自身が点の一つとなり、作家さんとたくさんの方をつないでいく役目を果たしていけたらと思います」。点が連続して線になり、その線が無数に重なり合うことで、やがて密度の濃い一つの大きな点となる——「PUNTO」の信条は、甲高さんがデザインしたシンボルマークにもしっかりと刻まれています。

おしどり夫婦として知られる甲高夫妻。「店を持ったら、会いたい人が訪ねてきてくれるようになったことがうれしい」と二人で笑顔を見せます。

INFORMATION

address｜水戸市石川 1-3785-1 1F
tel｜029-255-6026（K5 ART DESIGN OFFICE 内）
open｜12:00 〜 19:00
close｜月、火（臨時休業あり）
money｜カード可
web site｜https://punto-spazio.com/　インスタグラムあり

ACCESS｜赤塚駅から北東へ約 2km（車で約 6 分）

4　天井の板は、元々張ってあったものだそう。「きれいに残っていたので、そのまま残しました」と甲高さん。　5　鳥の模様を施したマノメタカヒロさんの作品。やわらかな色合いに味わいを感じます。　6　天然素材にこだわる NISHIGUCHI KUTSUSHITA の商品も常に多数そろっています。　7　展示用の白い壁もスタッフ皆で DIY したもの。

08

KASAMA

庭カフェKULA

ニワカフェクラ

和モダンな庭園と歴史ある土蔵で
心地良いひとときを

日が暮れると、絶妙に配置された灯りのゆらめきで、昼とは全く違う顔を見せる風情のある庭。

築160余年の酒蔵の趣を残す

笠間稲荷神社の門前通りに面する「庭カフェKULA」。喧騒に背を向け、笠間の特産稲田石を敷き詰めた路地を抜けると、京都の路地裏に見立てた庭園ゾーンに誘われます。庭師の大平裕貴さんが手がける笠間焼の壺や緑が美しく配された30坪の庭は、イベントやワークショップなどに利用できるレンタルスペースです。見上げれば、江戸時代の嘉永3年、笠間藩の醸造元としてこの地に酒造ができた当時のままの姿をとどめる白い15坪2階建て土蔵が視界を占めます。「庭は雑木林でした。昔は何でも埋めてしまっていたから、ものすごい量の鳥居や祠《ほこら》に使われていたような稲田石が出てきて。それを厚さや形をそろえてパズルのようにはめ込んだのが路地の敷石ですよ」と店主の富田将人さん。書道家の笹島沙恵さんと画家の鈴木掌さんのコラボ作品が漆喰《しっくい》壁に色を添えます。

自転車ラックの置かれた門前通り沿い。蔵横の路地の先が、「庭カフェ KULA」への入り口と中庭の庭園ゾーンです。

2

3

1

1　2階は、声優の安達勇人さんプロデュースのギャラリー。笠間焼のブローチや豆皿などのグッズも購入できます。　2　ベーコンとナスのキッシュやカニクリームコロッケなど、季節によって違う内容が楽しめる「KULA プレート」(1,300円)。　3　10月から4月まで、寒さ対策のためテラス席にドームテントとヒーターを設置。

こだわったのは、ここにしかないこと

「器をはじめ、なるべく地元のものを使いたい」と目でも舌でも楽しめる「KULAプレート」は、ロゴマークの焼き印が押された丸パン付きの弁当箱のようなかわいいランチメニューです。コーヒーは、「京都北山サーカスコーヒー」のものを使用。関東での取り扱いは珍しく、県内で楽しめるのは「庭カフェKULA」だけとのこと。

大木が一本丸々使われた梁《はり》に目を奪われる2階は、声優の安達勇人さんプロデュースのギャラリーです。いばらき大使や笠間特別観光大使でもある安達さんのイベントで、たくさんの人が全国から来てくださるようになったとのこと。「笠間をもっと知ってもらいたい」という富田さんの思いは、実を結びつつあります。

「フレンチベースのお料理を、和洋折衷で調和がとれるように提供したい」と話す店主の富田將人さん。

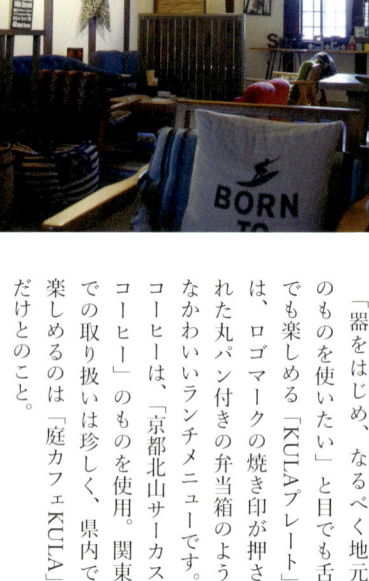

INFORMATION

address｜笠間市笠間 1339　tel｜070-4374-0767
open｜11:00 ～ 16:00　※夜はパーティー予約のみ
close｜月
seats｜40 席
money｜カード不可
web site｜http://niwacafe.net

ACCESS｜笠間駅から笠間稲荷神社方面へ約 1.7km（車で約 5 分）

5

4

4　コーヒー豆 200g ＋サーカスコーヒーの缶（2,000 円）。　5　懐かしさを感じる金平糖が添えられたコーヒー（400 円）。

書道家の笹島沙恵さんと画家の鈴木掌さんのコラボ作品が飾られる、土蔵内の落ち着いたカフェ空間。

09
IBARAKI
MACHI

森のそば屋 清ヱ門

モリノソバヤ セイエモン

300本の庭木が美しい葉色を競い合う
築50年の実家を改装した本格蕎麦屋

実家を伝統工芸士の手で改修

種類の異なる楓を中心に300本を超える樹木で構成された見事な庭と、150軒以上の店を食べ歩き、味を研究して完成させたという蕎麦の味が評判の「森のそば屋 清ヱ門」。毎年12月から3月までは休業する、期間限定の営業スタイルも話題です。

開業から15年を迎え、社長が海老澤清さんから息子の伸靖さんに代わったのを機に、店の名も「森のそば屋 清ヱ門」と一新しました。建物は、海老澤さんが27歳の時、実家の土地に建てたもの。当時は家業の農業を継ぎ成功していたのですが、自身のスキー熱が高じて群馬県の尾瀬に移り住み、「山の家 えびやん」を開業。40年の間、冬季は一家で民宿経営に専念していました。「老後は生まれ育った土地で過ごしたいと思い、茨城町のこの家を直して、蕎麦屋を始めることにしたんです」と海老澤さん。改装は知人の伝統工芸士に依頼し、自慢の欅《けやき》の差鴨居はそのままに、窓枠を木製建具に替え凝った細工の板戸を設けるなどして、落ち着いた和の空間を作り上げました。

陽が沈み、ライトアップされた庭もまた美しい。

こちらは新緑の時期。鮮やかな緑色のグラデーションが息をのむ美しさ。海老澤さんはこの季節がもっとも好きだそう。

美しい秋の紅葉の眺め。高地を好む種類の楓が、海抜 20 メートルの茨城町で根付いていることに、プロの植木職人も驚くといいます。

一食ずつ提供する理由

庭は、海老澤さん自らが土壌改良に取り組みました。尾瀬で手に入れた高地を好む楓を一本一本生態に合う環境を探りながら植え付け、3年の月日をかけて根付かせていったといいます。茨城では目にする機会のない8種類の楓が、季節ごとに見せる独特な葉色の諧調。その見事な風景に思わず目を奪われます。

蕎麦は、栃木の山間で作られる「日光さざれそば」を独特の方法で打ち、風味を落とさぬよう一食ずつ秒単位で茹でて供されます。きりっと角を感じるのど越しを味わい、その後、心ゆくまで庭の眺めを楽しむのが、粋な作法のようです。

左から、海老澤清さん、妻の八重子さん、息子で現社長の伸靖さん。温かな雰囲気の囲炉裏《いろり》の前で。

INFORMATION

address｜東茨城郡茨城町駒場 1619
tel｜029-292-5715
open｜平日 11:30 ～ 14:30　土日祝 11:30 ～ 15:00
close｜木、金（毎年 12 月末～ 3 月末までは休業）
money｜カード可
web site｜https://www.soba-ibaraki.com/

ACCESS｜茨城町東 IC から南へ約 6.5km（車で約 19 分）

1　床の間には、小川芋銭の掛け軸が飾られています。　2　「天もりそば」（1,980 円）。厳選された海老と新鮮な野菜のアツアツの天ぷらを抹茶塩で。　3　広々とした玄関スペース。壁の細工や奥に見える板戸の細工に、職人の技が光ります。

10
KAWACHI
MACHI

WILDSWANS
Ateliershop marusan

ワイルドスワンズ アトリエショップ マルサン

10年、20年、愛用されるものを
日本の確かなものづくりに触れる場所

米どころでもある河内町に広がる美しい田園風景。地域に根ざした新たなものづくりにも力を入れています。

長年ものづくりを支えてきた工房をリノベーションし、アトリエショップ「marusan」が誕生。奥に見えるのは新しいアトリエ。

原点回帰と新しい出発

１９９８年に誕生した「ワイルドスワンズ」はクオリティの高さで定評のある革製品ブランドです。その企画から製造までの一切を行う工房が、県南に位置する河内町にあります。上質な素材と手になじむシンプルなデザイン、そして職人の丁寧な手仕事にこだわってものづくりを続けています。

２０１５年には新たにアトリエが完成。ジブリ美術館のロボット兵を制作したことで知られる鯱《しゃち》丸《まる》邦生氏に建築デザインを依頼しました。２０１９年には、アトリエショップ「marusan」がオープン。屋号である「丸三」のものづくりの精神を今に伝えるアトリエ、美しく整えられた工房、昔からの母屋を改修したイベントスペースなどの建築群は一つのテーマパークのようです。

母屋にもセンスの良いリノベーションを施し、イベントなどに活用。レトロな雰囲気のワゴンが良く似合います。

ものづくりの思いを形に

ワイルドスワンズは、町工場を営む父の背中を見て育った三兄弟が「10年、20年、愛用してもらえるものをつくりたい」という思いで立ち上げたブランドです。革製品の確かな品質は疑いもなく、特にコバと呼ばれる革の端処理の美しさと丈夫さが特徴です。アトリエショップでは製品を実際に手に取ってゆっくりと吟味することができます。また、地域とのつながりも大切にしており、「茨城百貨店」と題し茨城の酒蔵メーカーと開発したオリジナルのお酒や、草木染の木製品を制作する作家と作り上げたワインクーラーなど、独自の商品も多数販売しています。

塔のようなデザインが目を引く新しいアトリエでは見学ツアーも行っており、ワイルドスワンズのものづくりを肌で感じることができます。アトリエ前のモニュメントやキャビンの造形も美しく、一度は訪れたい場所です。

新しいアトリエは予約制で見学ツアーも受け付けています。目の前のモニュメントとともに一見の価値あり。

INFORMATION

address｜稲敷郡河内町長竿 3886
tel｜0297-85-4240
open｜11:00 〜 15:00
close｜月、火、水、木、日
money｜カード可
web site｜https://www.wildswans.jp/

ACCESS｜竜ヶ崎駅から東へ約13km（車で約20分）

3

1

2

4

1　ワイルドスワンズの革製品は職人の手作業により、一点一点丁寧に作り出されます。　2　ものづくりで地域とつながる商品開発も。オリジナルのお酒や木製のワインクーラー。　3　機能性と美しさを兼ね備えた一生ものの逸品。　4　アトリエショップでは、実際に革製品を手にとって吟味できます。

全面ガラス張りで明るい雰囲気の「cosaji」は、初めて訪れる人でも入りやすく、いつも多くの人でにぎわっています。

11
TSUKUBA

小匙惣菜店／cosaji

コサジソウザイテン／コサジ

人々の暮らしとともに時を刻む 発酵調味料で魅せる街の台所

地域の人たちとつながる心地良い場所

かつて首都圏に集中していた研究機関の移転を目的に、計画的に造られた研究学園都市つくば市。公務員住宅が集中して建てられ、生活に便利な施設の入る「竹園ショッピングセンター」が建設されました。2024年現在、公務員住宅は取り壊され周囲の様子は変わりましたが、ここは今も昭和レトロな雰囲気を伝え続けています。

その一角に位置するライフスタイルブランド「cosaji」は、〝暮らしを心地よく〟をテーマに、料理家河井美歩さんがディレクションする店。店名には、小匙《こさじ》一杯分の調味料で料理に深みが増すように、日々の暮らしの中にほんの少し、小匙分のスパイスを添えることで心地良い暮らしを提案できたらとの思いが込められています。店内は、料理家の目線でセレクトされた商品をそろえる「cosaji」、家族の食卓に並ぶおかずを提供する「小匙惣菜店」、月替わりで料理教室や暮らしにまつわるワークショップを開催するイベントスペースの「studio」に分かれています。

つくばのおいしさを「小匙惣菜店」らしく取り入れた季節感のある品々が並びます。容器を持参すると5%オフに。

何度でも食べたい、飽きないデリ

店舗やネットで購入できる「ギャザースリーブ スモック」と「ソムリエエプロン」を身に纏《まと》い接客する料理家の河井美歩さん。

「昔ながらの雰囲気に惹かれこの場所に決めました。平日15時以降は子どもたちの声がBGMになる環境がとても良い」と温かい笑顔を見せる河井さん。「罪悪感なく食卓に並べられる、自分で手作りするよりも体に良いものを提供できれば」と忙しい子育て世代に寄り添います。こだわりは地元の旬の野菜と発酵食品を取り入れること。「季節野菜の味噌バーニャカウダ」は、味噌とクルミがベースのご飯に添えてもおいしいソースで多種類の野菜を楽しめる人気商品です。リピート率の高い「キャロットケーキ」は、「ほぼニンジン。バターを使わず太白胡麻油を使っているので、食べた時にボリュームはあるけれど後に残りません」。

大中小のサイズがそろう下ごしらえボールや手になじむ切れ味の良い包丁など、料理の専門家が選ぶ使い勝手の良いキッチン雑貨が集まる「cosaji」。

2

1

3

1　惣菜とともに楽しめるワインや季節の果実の麹ドリンクも充実。　2　白い壁にナチュラルウッドカラーやブラックが映える「小匙惣菜店」入り口。
3「海老と季節野菜のジェノベーゼ和え」(600円)／「蒸し鶏のサラダ」(720円)／「マンゴーキャロットラペ」(600円)。

4

5

4「季節野菜の味噌バーニャカウダ」大(1,550円)／小(750円)。　5　一切れごとに個別包装される「キャロットケーキ」(530円)。
※すべて価格は2024年11月現在

INFORMATION

address｜つくば市竹園3-21-2 竹園ショッピングセンター内
open｜11:30 ～ 18:00(日曜、祝日は15:00閉店)
close｜月、火
money｜カード可　電子マネー可
web site｜https://www.cosaji.store/
インスタグラム、フェイスブック、公式LINEあり

ACCESS｜つくば駅から南東へ約1.8km(車で約5分)

12

TSUKUBA

カフェ ポステン

カフェ ポステン

旧常陸北条郵便局の面影を
そのままに残すカフェ

2015 年登録有形文化財。1 階前方部分は郵便局舎として、後方と 2 階部分は住居スペースとして使われていました。

建物に惚れ込む

「ポステン」とは、スウェーデン語で郵便局。その名の通り「カフェ ポステン」は、昭和初期に常陸北条郵便局として使われていた局舎をリノベーションした店です。元々、北条在住だった店主の椎名祐一さん。9年間空き家だったこの物件を借りるため、筑西市にお住まいのオーナーさんのお宅へ約1年通って信頼関係を築き、やっと許可をいただけたそうです。

「ほぼ、当時の状態を残しています。わざと正面の入り口を閉め、アプローチを局長さんの住居スペース入り口に絞ったことぐらいかな。元からあるものを生かし、そのままを上手に使っていけたらと思っています。昔ながらの空間で、地産地消の食材を使った料理や自家焙煎のコーヒーを、作家さんの手仕事の器で楽しんでもらいたい」。総合造形作家KINTAさんのやわらかいあんどんの明かりが、店内をやさしく彩ります。

当時をしのぶ北条郵便局の看板が飾られた店内の一角。繊細な組子細工が施されたガラス戸が、至る所に見受けられます。

下見板張の外壁。以前使用されていた正面の玄関には、切妻屋根のポーチが設けられています。

磨き上げられた板張りの床が目を引く美しい店内。大切に住み継いでいきたいという店主の強い思いを感じます。

次の世代に伝えていく

フランス産のクリームチーズに、「山口信太郎商店」の味噌をアクセントに加えた「ベイクドチーズケーキ」は、笠間の陶芸家額賀章夫さんの器に。店内の焙煎機でローストしたフレッシュな豆をカリタウェーブドリッパーで抽出した、爽やかな酸味で飲みやすい「スウィートブレンド」は、陶芸家佐々木恒子さんのコーヒーカップで楽しめます。手のひらにスッとなじむ丸みを帯びたミルク入れや水の入ったグラスは、ガラス作家大西美雪さんの作品です。「最近では、地元の子どもたちが社会科の授業の一環で訪れ、子どもたちの目線で話を聞いてくれるんです。うれしかったですね。これからも北条の地で、この建物を残していきたいです」。

「自家焙煎を極め、豆焼きに特化したい」と語る、店主の椎名祐一さん。

1

4

2

3

1 「常陸牛のキーマカレーと北条米のライス」1,350 円（副菜・ドリンク付）。 2 総合造形作家 KINTA さんのあんどん。
3 ポステンブレンドの一つ、「スウィートブレンド」(550 円)。
4 作家さんの器やグラスを店内で購入することができます。

INFORMATION

address｜つくば市北条 183 tel｜029-867-5565
open｜11:00 ～ 18:00
close｜火
seats｜22 席（15:00 ～ 喫煙席 12 席）
money｜カード不可
web site｜https://www.cafe-posten.com/

ACCESS｜つくば駅から北へ約 13km（車で約 20 分）

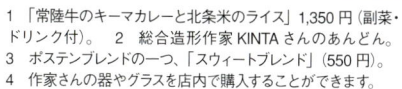

13
AMI MACHI

喫茶くらや《キッサクラヤ》

スタイルを変え、形を変えながらも、この場に受け継がれる確かなもの

敷地内には、かつてここが林だったころから生き続ける樹木が何本も残ります。「建物に影響を及ぼさない限り残すようにしています」とオーナーの寺田さん。建物前のテラスも、クヌギの木に合わせて丸く切り抜かれて作られています。

木立の中に建つ開放感あふれる日本家屋

新旧の家々が立ち並ぶ阿見町の住宅街。通りを進んだ突き当りに、土曜と日曜にだけオープンする「喫茶くらや」があります。

　駐車場から緑が生い茂るアプローチを進むと、急に眼前が開け、広々としたテラスと大きなガラス窓を持つ解放感あふれる木造建築が姿を現します。

　入り口で靴を脱ぎ見渡せば、内部に広がるのは無垢板と畳を組み合わせた座敷空間。好みの場所に座って見上げると、天井には古材を用いた太い梁《はり》が交差し、黒壁の上方には大判の版画や藍染めの着物の展示が。それらの迫力に一瞬驚かされるものの、空間全体を包むスタイリッシュながら気負いのない空気に、訪れた者の心はすぐに心地良くほどけていきます。

　「ここは、１９９０年ごろ父が林だった土地を買って、蕎麦屋を始めた建物だったんです」と店主の寺田さん。高校までをこの地で過ごした後、東京都内でウェブデザイナーとして活躍し、現在は再び阿見町に戻ってグラフィックデザインや絵画制作を本業とする人物です。

内部の天井には太い梁が力強く交差します。建物自体は築40年ほどですが、建築時に解体された古民家の部材を調達して使ったそうです。

「自営業を営んでいた父と華道と茶道の師範をしていた母は、つくば界隈のアート関係者たちと深く交流していました。父は僕が13歳の時に他界したのであまり濃密な思い出はないのですが、蕎麦屋に集まる人たちが刺激的だったことはよく覚えています」と寺田さん。開店後まもなくお父さまが地域の図書館長の役に就いたため、蕎麦屋はお母さまが引き継ぎましたが、2010年ごろに閉店。建物はそのままの状態で放置されていました。

「10代で東京に出て、もうこちらに戻ることはないと思っていたのですが、ある時このまま建物を放置しておくと自分の負債になると気づいたんです」。当時、本業とは別に進めていたものづくりプロジェクトの一貫として、寺田さんは建物の再活用に向けリノベーションに着手しました。

黒い壁面と明るい床面。絶妙なコントラストが、和の雰囲気の中にもモダンで軽快な雰囲気を生み出しています。壁にかかる大きな版画は、寺田さんのお父さまの時代から飾られているものです。

アンティークの和食器や特製のおみくじなどが販売される空間の奥には、広々としたギャラリー空間が。寺田さんが墨で描いた「盆踊り」シリーズの作品が並びます。

今は、お菓子と薄茶、コーヒーのみのスタイルで

入り口に大きなガラスの開口部を設けて庭の緑と陽光を引き込む一方、柱や壁の一部を黒く塗装することでコントラストをつけ、より落ち着きのある空間に。お父さまの時代に寄贈された版画などの作品たちはそのまま残し、そこに寺田さん自身が墨で描くモノクロの絵画作品を並べると、それらは不思議な親和性を見せ、独特の魅力を放つ空間を形成していきました。

リノベーションが整った後は、お母さまの友人の蕎麦打ち職人と、寺田さんが仕事を通じて知り合ったフレンチのシェフを迎え、蕎麦と創作和食御膳を出す店としてオープン。シェフに開発依頼したオリジナルの濃厚なテリーヌ「てりんぬ」も加わり、食通をも唸らせる料理を提供していました。が、コロナ禍の影響により食事の提供が難しくなり、2023年からはシェフ直伝のレシピで寺田さんがつくる「てりんぬ」とコーヒー、薄茶を提供する現在のスタイルを続けています。

自身の作品の前に立つオーナーの寺田さん。「窓外には四季の木々の表情が感じられる店です。ぜひゆっくりしにいらしてください」。

4

1

3

2

1　喫茶スペースとギャラリーの間には、寺田さんが見立てた古い器が展示されています。購入も可能です。　2　寺田さん作の創作文字を包装に配した北海道産の瑪瑙《めのう》も販売。　3　寺田さんの奥さまのお父さまが制作している真空アンプ。希望があれば音の聞き比べもできます。　4　窓際に置かれた愛らしいバンビチェア。デザインは、寺田さんの知人でもある沢田猛氏。こちらも購入できます。

生い茂る木々に隠れ、敷地の外からはほとんど建物が見えません。駐車場に掲げられたこの「くらや」の看板が目印。

この地、この場所でできるだけ長く

「今後も自分の中で要素がかみ合う時がくれば、その都度店の内容を変化させていくと思いますが、今は僕自身が楽しみながらできるだけ長く続けていくことを最大の目的にしています。お茶の知識を深めたいので、母を師範に迎えた茶道のワークショップなども開催してみたいですね」と寺田さん。

受け継がれる「くらや」の屋号は、お父さまのお母さま、つまり寺田さんのお祖母さまの名前にちなんだものだそう。この場を愛した人たちの思いの、なんともやさしく軽やかな連なり——それこそが、この店を包む不思議な安堵感の正体なのかもしれません。

かつては、訪れた人が好きな場所に膳を置くスタイルをとっていましたが、現在は、誰もが飲食しやすいようにと座卓を配置しています。

5　空間の中央で存在感を放つ鯉の形の自在鉤《かぎ》。
6　寺田さんが自ら作る濃厚な栗と芋の「てりんぬ」（テリーヌ）と薄茶のセット。珈琲セットもあります。
7　入り口の暖簾《のれん》。「ひるげ・ゆうげ」の文字はかつて食事を提供していたときの名残り。　8　美しい化粧箱入りの「てりんぬ」は持ち帰りもできます。オンラインショップでも販売しています。

8

INFORMATION

address｜稲敷郡阿見町実穀 1526-4
open｜土、日 13:00 ～ 17:00
close｜不定休
※営業日はインスタグラムの営業カレンダーをご確認ください
money｜カード可
web site｜https://kurayasoba.com/　インスタグラム、フェイスブックあり

ACCESS｜ひたち野うしく駅から北東へ約5km（車で約10分）

14
TSUKUBA

旧小林邸ひととき

キュウコバヤシテイヒトトキ

安らぎや豊かさを思い出す丁寧な暮らし
関東平野を一望する古民家の宿

天気の良い日には富士山が見える開放的な庭。BBQ コンロもあります。

玄関の暖簾《のれん》をくぐり商家の土間を利用したラウンジへ。ガラスの引き戸を開けると気持ちの良い風が通り抜ける最高のロケーションです。

100年以上の時を経てこの土地を見守ってきた古民家

筑波山の中腹に建つ「旧小林邸ひととき」は、築130年の古民家宿。筑波鉄道やケーブルカーの開通に貢献した実業家小林恒一郎さんの商家（米問屋）をリノベーションし、2020年にオープンしました。「商いの行われていた土間と帳場。住む人のプライバシーを守るため視線を遮るように工夫された間取りや、日本の風土を知り尽くした先人たちの知恵『風の通り道』。献上米だった歴史があり、遠方から来る客人をもてなすため広めに作られた客室など、町屋造りの趣をなるべく残してあります」とオーナーの野堀真哉さん。「この場所に住む人たちが見る景色、美しい夕焼けや明け方の澄んだ空気を感じ、歴史や文化、人々の営みに触れていただきたいと思っています。登るだけ、見下ろすだけの筑波山ではなく、北条から見上げる筑波山があっても良いのではないでしょうか」。宿名には、〝人と時代をつなぐ人時 あなたのひとときを〟という二つの意味が込められています。食事付き宿泊プランで提供されるのは、茨城の旬の野菜を使った家庭料理。「田舎に帰省するような感覚で、くつろいでいただけたらうれしいです」。

筑波鉄道開通時の記事などが保存された、小林家に残る貴重なスクラップブックをめくるオーナーの野堀真哉さん。

自分と向き合う一人の時間も偶然の出会いも旅の醍醐味

邸宅内には、2階の客間へ続く箱階段や厠《かわや》下駄の付いた染付古便器、繊細な花の絵が美しく残る柱を飾る板など、見どころがたくさんあります。ひときわ目を引く土間に飾られたフクロウのチョークアートは、小美玉市のアーティストRIKAさんによる作品。離れのコワーキングスペースや母屋に飾られる色鮮やかに表現された動物たちの絵画は、ここでライブペイントを開催したこともある鈴木掌さんの作品です。

フォトジェニックな廊下に面するレンタルスペース（奥）とフリースペース。キッチンやバスルームなどの生活空間も共用スペースとして利用できます。

1　1,600坪の敷地内には、母屋や離れ、蔵、栗林や竹林などを楽しめる庭があります。 2　美しく快適なツインルームでリラックスできる“ひととき”をお過ごしください。3　壁紙やふすまの色など、それぞれに趣が異なる客室。和室からの眺望はすばらしく、スカイツリーを望める日も。　4　自然と人が集まる母屋1階部分のフリースペース。

INFORMATION

address｜つくば市筑波 937　　tel｜029-866-0003
open｜［宿泊］16:00 ～翌 10:00　［コワーキングスペース］9:00 ～ 22:00
close｜なし
seats｜［ゲストルーム］ 3部屋 15 名まで 最大3組限定
money｜カード可　電子マネー可
web site｜https://tsukuba-hitotoki.com　インスタグラム、フェイスブックあり

ACCESS｜土浦北ICから北西へ約20km（車で約30分）

15

TSUKUBA

家貨屋 -kakaya-

カカヤ

良質な古道具との一期一会
そのすばらしさを伝えるために

屋根裏から見下ろした店内。アップサイクル（捨てられるはずの製品に手直しを加えることで新たな価値を与え再生させる手法）された品々が高い天井や梁《はり》を生かし整然と並びます。

研究学園都市つくばに建つ〝農〟の家

150年の歴史を持つ農村日本家屋に、ギャラリーやカフェ、工芸店などが集う「つくば文化郷」。約1,000坪の敷地内には、自給自足生活の名残りを留めるように、母屋のほかに作業場や倉の役割を持つ長屋門、味噌蔵、納屋が配置され、北風を避ける高い生け垣や広く取られた前庭など、つくば地方の農家の特徴を見ることができます。

旧根本家住宅である母屋で、フランスの家具や雑貨から日本のものまで、幅広いヴィンテージ・アンティーク品を扱っている「家貨屋-kakaya-」。オーナーの小関さんは「『家（具）・（雑）貨・屋』です。つくば文化郷は、母屋一軒だけでは醸し出すことのできない雰囲気がとても魅力的。自然の中でいろいろなことを総合的に楽しめる場所なのではないでしょうか」と教えてくれました。

平成元年まで住居として利用されていた母屋。玄関で靴を脱いで店内にあがるスタイルは、田舎の家に遊びに来たよう。

ヨーロッパの美しい古切手や歴史を感じることができる重厚なアイロン、タイプライター、コーヒーミルなど、見て回るだけで時代や場所を一瞬でトリップ。

アンティーク品に囲まれた空間で味わうひととき

kakayaカフェでは週末のみランチを提供。日替わりで自慢の一品を振る舞う企画もあり、金・日曜日はフランスの家庭料理を提供しています。土曜日担当のダルバートショップでは、ネパールの国民的な定食で日本の一汁三菜に通じるバランスの取れたワンプレート「ダルバート」を楽しむことができます。軒下では焼き菓子やパン、新鮮な野菜などの出張販売を行い、屋根裏ではヨガや音楽ライブなどのワークショップを開催するなど、日本家屋を使ったイベントにも意欲的。「スタッフと協力し企画を出し合います。毎回困難はありますが、良い方に向かった時の皆で喜ぶ瞬間や、お客さまに喜んでもらえた時が何よりもうれしいです。古道具を使って装飾した場所でお子さん連れの方が写真を撮り、そのお子さんが大人になって見返す時、家族の楽しかった思い出の一つになれたら最高ですよね」。

「アート&クラフトフェアきせのひ」や「OLD NEW MARKET」など、数多くのイベントの企画・運営を手掛けるオーナーの小関広記さん。

INFORMATION

address｜つくば市吉瀬 1679-1 つくば文化郷母屋　tel｜080-4407-8512
open｜水～日 11:00 ～ 17:00
close｜月、火（祝日の場合は営業）
seats｜テーブル席 5 席　予約可
money｜カード可　電子マネー不可
web site｜https://www.kakaya.online　インスタグラムあり

ACCESS｜つくば駅から東へ約5km（車で約10分）

3

1

2

4

1　門の両側に長屋を配していることから、つくば地方では「長屋門」と言われています。　2　売り物として価格の付いたテーブルや椅子で構成されたカフェスペース。　3　世界中から集められた古家具やアンティーク雑貨、古着、国内セレクト商品を取り扱っています。　4　平成 27 年 11 月に国登録有形文化財となった「つくば文化郷」。

RETRO SANPO YUKI AREA

紬のふるさと「結城」
城下町として栄えた歴史ある街には
見世蔵が多く残り
卸問屋や味噌、酒の醸造蔵などに
今も利用されています
懐かしさと浪漫を感じさせてくれる
この街ならではの5軒をご紹介しましょう

喫茶スペースでは、店主の阿部さんのセンスで居心地良く整えられた調度品の数々を、目で楽しみながら過ごせます。桐箱に入るものであれば何でも出店できる「桐箱朝市」には幅広い年齢層の方が集まり、にぎわっています。

YUKI AREA
RETRO SAMPO
01

人と人のつながりが蘇らせたノスタルジックな喫茶店

「喫茶カヂノキ」は、明治時代の建築を改修、修繕して現代に文化を伝える喫茶店です。1階では定期的に変わるお食事メニューなどが楽しめ、2階はイベントスペースとして利用することができます。納屋は貸し出し可能なギャラリーで、蔵では地元の特産品を販売。店主の阿部貴仁さんは「桐箱朝市」にも力を注ぎ、地域とのつながりを重視し、アナログな交流を促進しています。温かい雰囲気の中で、古き良き文化を感じられる場所です。

喫茶カヂノキ

address｜結城市結城 397
tel｜0296-39-0461
open｜11:00 ～ 18:00
（土日 9:00 ～）
※夜は予約次第
close｜月、第一火曜
seats｜18 席くらい
money｜カード不可
web site｜フェイスブックあり

結城の暮らしに寄り添う街のパン屋さん

結城の街並みに佇《たたず》む「ぱんやムムス」は、国の登録有形文化財をリノベーションしたパン屋です。明治45年に建てられた黒川米穀店の見世蔵を活かした建物は、部分的な増築や改築を経て、ほぼ当初の状態を保っています。店名はスウェーデン語で「おいしい」。吹き抜けの高い天井と太い梁《はり》が印象的な店内では、地元の「キタノカオリ」小麦粉を使ったクロワッサンや米麹から発酵させたタネを風味付けに使った食パンなどが並びます。

広いガラス戸から差し込むやわらかな陽の光。店内には、パンの焼ける良い香りが漂います。店主の北村さんが目指すのは、「結城の方が買いやすい価格と種類で、ここでしか買えないから来てもらえる」という街のパン屋さん。

ぱんやムムス

address｜結城市結城 1319
tel｜0296-48-6065
open｜11:00 ～ 18:00
close｜日、月、木
money｜カード不可
web site｜http://www.panya-mums.com

働き方、暮らし方を見つける拠点となるシェアスペース

Coworking & Café
yuinowa

address｜結城市結城 183
tel｜0296-47-5680
open｜10:00 〜 18:00
close｜月、火、お盆、年末年始
seats｜［コワーキング］30 席
money｜カード可
web site｜http://yuinowa.jp

結城市では、音楽祭「結いのおと」や一棟貸しのまちやど「HOTEL（TEN）」の運営、人とまちが交流できる活動が展開されています。その中心となる拠点が、築90年の呉服屋をリノベーションした「yuinowa」です。土間スペースや日替わりのチャレンジキッチンでは、無料で休憩や交流が楽しめます。一段上がった板張りのコワーキングスペースや畳敷きの広間では、実践的なセミナーやワークショップが行われ、クリエイター同士のつながりが生まれています。

「yuinowa に来れば、魅力的なクリエイターとつながることができる。そう思ってもらえる場所にしていきたいと思っています。それがまちの魅力につながるようにしていきたいですね」と管理人の野口さん。

町の活性化に期待される旧呉服店の蔵を再利用したサウナ専門店

築90年を越える旧呉服店の袖蔵を改装したサウナ専門店。学生時代からサウナに魅了されたというオーナーが、日本各地のサウナを巡って得たノウハウを生かし、アロマロウリュとやわらかな熱で体の芯から暖める薪窯サウナをつくりました。中庭には、地元の老舗味噌屋の仕込み樽を活用した、鬼怒川の伏流水かけ流しの水風呂を配置。地下水のまろやかな肌触りが評判です。フレンドリーなスタッフとの会話が弾み、結城ならではのサウナでリラックスタイムを。

KURA:SAUNA IBARAKI

address｜結城市結城 183
tel｜090-1734-9637
open｜10:00 ～ 20:00
close｜不定休
seats｜予約可
money｜カード可
web site｜https://resauna.jp/ibaraki/

「Coworking & Café yuinowa」の一画にある蔵サウナです。平日は相席利用、土日祝日は貸し切り制です。中庭には大樽の水風呂も。天然水ならではのまろやかな水質は水風呂が苦手な方にも好評です。

喫茶菓子 モト・ネスパ

address｜結城市結城 338-4
tel｜0296-45-8473
open｜金、土、日、祝日 11:00 ～ 17:00
（土日祝は 11:00 ～ 16:00）
close｜月、火、水、木（祝日は営業）
※営業日はインスタグラムで
ご確認ください
seats｜テーブル席 4 席　予約可
money｜カード不可
web site｜https://motonespa.stores.jp/

〝ネスパ〟と書かれたノスタルジックな看板が目を引く外観。ここは、かつて昭和な雰囲気の喫茶店でした。店名は、その元喫茶店「ネスパ」から。修繕・改修を経て、２０２３年春にモダンな洋菓子店としてオープン。アンティークの家具が並ぶ店内で、〝どこか懐かしく、毎日食べても飽きないお菓子〟をテーマにした焼き菓子やパフェなどを提供。数種類を詰め合わせたクッキー缶は、自分へのご褒美やギフトに喜ばれる人気商品の一つです。

YUKI AREA
RETRO SAMPO
05

昭和の喫茶店がモダンな洋菓子店に生まれ変わりました

結城市の木である桑の葉を使用した「ネスパタイルクッキー」などを詰めたクッキー缶が人気です。毎年来るツバメの形を模した「つばめサブレー」などの焼き菓子は、1枚から購入することができます。

21
JOSO

るうぷたうん／FURU

ルウプタウン／フル

時の流れを経たものたちが
誇らしげに光輝く場所

広々とした空間の中に大小の古物が美しく並ぶ「るうぷたうん」の店内。窓から差し込む光が、時を経た物たちをやさしく包む。

大正時代に建てられた結城紬の織物工場

常総市の見渡す限りの田園風景の中を走っていると、道路脇に突如現れる鉄製のサインが、古着・古道具を扱う「るうぷたうん」とカフェ「FURU」のある敷地の方向を教えてくれます。駐車場に車を停め、巨大な欅《けやき》の木がご神木のようにそびえる入り口を越えると、そこには、日常の喧騒から緩やかに切り離された別世界――ノスタルジックなのに、万物の生命力が鮮やかに息づくような異空間が待ち受けます。

「ここは、大正時代、結城紬の織物工場だった場所なんです」と、「るうぷたうん」の店主である古渡勇気さん。かつては活況を呈していた織物工場もやがて衰退して廃業し、工場とともに経営者が住む母屋も無人の状態に。さらに２０１５年にこの地を襲った大規模な水害に

より、敷地全体が浸水して土砂が大量に堆積し、廃墟のような状態が続いていたといいます。「そんな時、自営業をしている父がこの場所と出合いまして」と勇気さん。「仕事用の機材置き場を探していた父は、ここに来た瞬間に『なんとか直さなくては』と直感し、その場で購入を決めたそうです」。以来、お父さまの誠司さんは、丸1年間、仕事の現場は社員に任せ、自身は朝から晩までこの場で片付けに明け暮れる日々を過ごしました。

　そのころ勇気さんは、生まれ育った伊奈町（当時）を出て東京都内でグラフィックデザインの仕事に就いていました。「父から連絡をもらいここに来て、何年かぶりに土に触った途端、泥まみれで遊んでいた子どものころの感覚が全身にうわーっと蘇ったんです」。勇気さんの中でも、この地で何か始めてみようという決意が固まった瞬間でした。

扱う古物は本当にさまざま。古物市で仕入れる物もあれば、自ら旅に出て川や山から集めてきた物も。そのすべてを丁寧に磨き、光を引き出します。

「るうぷたうん」の隣の建屋にあるカフェ「FURU」では、素材に気を配ったお茶とお菓子が楽しめます。写真は、「抹茶のバウムクーヘン 小豆ミルク添え」（左）と「ほうじ茶オーレ」。

2

1　穏やかな色調の空間を、柱や畳のへり、座卓の黒が気持ち良く引き締めます。
2　薄味仕立ての小豆とアイスの組み合わせが絶妙な「クリームぜんざい」。

1

母屋を改装し、居心地の良いカフェ「FURU」に

２０１８年、趣味で集めていた古着類を敷地内の入り口近くに立つ小さな建物で売り始め、やがて家具など大型の古物も扱うようになり、「るうぷたうん」の店舗は織物工場だった建屋に移されました。

一方、お母さまの理佳さんは、母屋をカフェにすることを思い立ちます。「母は草花が大好きで、料理も得意。喫茶店で長く働いていたので、理想の店のイメージも思い描いていたのでしょう」と勇気さん。床上浸水した母屋の修復とリノベーションは理佳さんが先導し、やさしい印象のモノトーンを基調にした心地良いカフェ空間に仕上げました。

その後、勇気さんの弟の大さんも、鉄を使ったものづくりの工房を敷地内に設け、いつのまにかこの場所は、家族それぞれに得意な能力を発揮する場となっていきました。

入り口付近から見た「FURU」の店内。畳のへりの直線を生かす独特の敷き方はまさに「FURU」流。一面の窓から望む庭の木々が季節の移り変わりを伝えます。

家族全員で古い物の魅力を現代に橋渡し

勇気さんは、今でも「るうぷたうん」で扱う古物を探すため、ワゴン車を一人で駆り、全国をキャンプしながら海や川などに落ちている〝宝物〟との出合いを楽しむ旅に出かけます。「たとえば、あの板切れもそうです」と、店の壁に飾られた板を指差します。「ただの板切れだけれど、年月が刻んだ傷や汚れが抽象画のように見えますよね。物が経てきた時間の跡に価値を発見し、それを伝えることが僕の喜びなんです」と勇気さん。その価値、魅力を十二分に引き出すため、商品として店に陳列した後も物に触って自分の気を注ぎ、引き出した輝きに曇りや淀みが生じないよう気を配ります。

そういえば、勇気さんたち家族の苗字は「古渡」。この一家が、古い物の魅力を引き出し、現代に生き生きと橋渡しする営みを始めたことは、決して偶然などではない…ひょっとしてご神木の欅の木が彼らを見つけて引き寄せた？――「るうぷたうん／FURU」の心地良い磁場に包まれていると、そんなおとぎ話のような空想も楽しく膨らんでいきます。

「るうぷたうん」三代目の愛猫、ひなたちゃん。

道路側から見た「るうぷたうん」。白い建物の2階は現在貸しスペースとなっています。その向こう側に見えるのが樹齢400年を超えるという巨大な欅の木。

3　古い絵画とともに飾られている板。刻まれた汚れや傷がここでは輝きを放ちます。　4　DJ 用の機材もそろいます。イベント開催時は勇気さん自ら DJ を務めることも。　5　かつては各店舗の名刺代わりでもあった色とりどりのマッチ。　6　古いガラス窓からのやさしい光を受けて美しく並ぶガラス製品。廃墟の状態から蘇ったこの場を、かつて織物工場時代に働いていた女性たちが訪れた際は、その生き生きとした佇《たたず》まいに涙する人もいたと言います。

INFORMATION

address｜常総市沖新田町 532
tel｜080-1174-2121
open｜水〜日 13:00 〜 19:00
close｜月、火
web site｜インスタグラム、フェイスブックあり

ACCESS｜中妻駅から北東へ約 2km（車で約 5 分）

ひなたちゃんときょうだいの
こかげちゃんの姿も見られるかも。

22
KOGA

SUNROSE

サンローゼ

歴史と威厳を感じさせる
壮麗な古民家レストラン

古民家再生協会から古民家利用のシンボル的存在といわれる「SUNROSE」。店内は土足で入るのをためらうほどの美しさです。

先祖代々の家を守る

県道261号線沿いに建つ「SUNROSE」は、昭和8年、オーナーシェフ後藤隆史さんの曾祖父にあたる方が、お祖父さまのお嫁さんをもらうために下駄問屋として建てた建物を、大切に愛情を込めて住み継いできた美しい古民家です。樹齢を重ねた木々が立ち並ぶ庭を抜け、ガラス張りの大きな引き戸を開けると、「後藤履物工業有限會社」の看板と下駄、上棟式など当時の町並みをしのぶことができる貴重な写真が迎えてくれます。どっしりした太い梁《はり》には、お祖父さまが寄付し、もらい受けてきたという成田山のお札がズラリと並びます。店内に数多く飾られている香炉も、お祖父さまが趣味で集めた値段のつけられない骨董品です。「見どころは全部ですよ」とやさしく微笑む後藤さん。そろった木目の美しさに、建築主と大工さんの深い信頼関係、愛情を持って建てた大工さんの心遣いを感じます。

御影石の飛び石が誘う庭を抜け主屋へ。樹齢を重ねた木々が、強い日差しや風から家を守っています。

ガラス越しに見ると少し景色が歪んで見える、入り口の大きなガラスも建築当時のままに残ります。

四季折々の日々を大切に、丁寧に生きる

「先人の知恵が詰まった建物ですから、なるべくそのままにしてあります。日本人の懐かしさ、温かさを感じて欲しいです」と後藤さん。落ち着いた店内で楽しめるのは、先代の味を継承しつつ、地元の野菜や肉など素材の良さを生かした常陸牛と手作りハンバーグです。こだわりのコーヒーは、お好みで豆本来の味が引き出せるフレンチプレスか、苦みを楽しめるエスプレッソマシンか選べます。「古民家の可能性を理解してもらい、新しくするために壊してしまうのではなく、残していくということも選択肢の一つにしてもらえたら」。

「この建物を残していかなくてはいけない」と強い思いを持ち、この土地で生きるオーナーシェフ後藤隆史さん。

INFORMATION

address｜古河市中央町 3-2-5　tel｜0280-22-0238
open｜11:00 ～ 14:30（L.O.14:00）　18:00 ～ 23:00（L.O.22:00）
close｜木
seats｜28 席　全席禁煙
money｜カード可
web site｜http://sunrose-koga.com

ACCESS｜古河駅から南西へ約 800m（徒歩で約 9 分）

1

3

4

2

5

1　豆の油分やコーヒーオイルの味わいまで楽しめるフレンチプレスで淹れたコーヒー（460 円）。　2　茨城県が誇る霜降り牛肉常陸牛を、素材を生かしたシンプルな味付けと調理法を基本とし、丁寧に焼き上げます。　3　和牛品評会で日本一に輝いた古河産の「常陸牛ステーキ」（150g 3,900 円 ※写真は 2 人前）。　4　創業昭和 52 年。先代からの看板メニュー、チーズと卵をのせてオーブンで焼き上げた「目玉焼きハンバーグ」（1,480 円）。　5　女性デザイナー監修の灯りが、重厚な雰囲気の店内をやさしく彩ります。

BRASSERIE JOZO

ブラスリージョゾ

築100年の主屋を見事にリノベーション
酒蔵が営む小粋なフランス料理店

通りから見た建物の正面。陽が沈みはじめ、店内に明かりがともると、建物の雰囲気がいっそう際立ちます。入り口は、写真左手の石塀の奥に。季節や催事によっては正面の開口部を開けることも。

大水害を乗り越えて

東に小貝川、西に鬼怒川が流れる自然豊かな常総市。この地で１２０年以上続く「野村醸造」の一角に、気軽にフランス料理を楽しめる「BRASSERIE JOZO」がオープンしたのは平成29年のこと。「元々は酒蔵の主屋だった建物で、大正13年に建てられたものだと聞いています」と、野村醸造の代表取締役であり、「BRASSERIE JOZO」の店主でもある野村一夫さんが説明します。

「平成27年の豪雨でこのあたり一帯は大規模な水害に遭い、この家も含めて周囲はすべて床上まで浸水しました」。被害は甚大で、一時は建物を壊すことも考えたといいます。「この酒蔵は妻の実家でして、主屋では長年妻の両親が暮らしていました。建物について相談する中、両親のこの家への愛着を知

り、なんとか残す道はないかと探ることにしたのです」。野村さんは、交流のあった筑波大学名誉教授の蓮見孝さんを通じて、筑波大学芸術系准教授の原忠信さんとコンタクトをとります。「原先生は、地域文化のデザインに積極的に取り組んできた方です。お話しする中で、何かコミュニティに寄与するような、プラスアルファの価値を持つものとして再生させたいという思いが募り、以前から当社で製作販売していたジャムなどを生かすことができる、フランス料理店を開くことに決めました」。原さんとともにリノベーションの指揮をとったのは、古河を拠点とする建築家の加藤誠洋さん。「加藤さんは、古民家のリノベーションの経験が豊富な方で、残せるものは全部残したいという考えでした。私も同じ思いでしたのでありがたかったですね」。

建物の正面に使われていたア

ルミの建具は木製のものに交換され、内部は2階の床をはがしてこの家自慢の欅《けやき》の梁《はり》組をあらわにし、立体感ある吹き抜け空間が創出されました。通り側のフロアは外部からのアクセスなどを考慮して土間とし、はがした松の床板は、奥の個室の床として利用。長年使われてきた飾り棚や簾戸《すど》など、使えるものはすべて生かしながらも、モダンなセンスに満ちたもてなしの空間が完成しました。

店内には、テーブル席とカウンター席があります。テーブル席側は、床をはがしてレベルを下げ、表の通りと同じ高さに。はがした床板は個室に再利用。

見事な欅の鴨居と梁が交差する吹き抜け空間。カウンター上のワインボトルの底を切ったペンダントライトは、筑波大芸術系准教授の原さんのアイデア。

思いが結実した「復興の酒」

一方、建物のリノベーションを進めながら、野村さんは酒蔵の復旧にも力を注ぎます。「復旧支援のボランティアの方がうちだけで５００人も来てくださったんです。そのうち１００人は県内の酒造関係者でしたから、とにかく一本でも早く酒を仕込みたい気持ちがありました」。野村さんは、酒蔵の機能を少しずつ復旧させながら、平成27年12月下旬には、茨城産の米と麹を使った「紬美人 復興の酒」を完成させます。続く第2弾として、平成28年には「グラン紬美人」シリーズを販売。中でも純米大吟醸は、後にフランスで開催される日本酒の品評会「Kura Master」で金賞を受賞するほどの出来となりました。

野村醸造の代表取締役でありJOZOの店主の野村一夫さん。「何十年も前ですが、この酒蔵に婿に入る前は、都内有名百貨店で催事の担当をしていました」。こなれた所作に納得です。

2

1　隣接した酒蔵には、日本酒を仕込むタンクが並びます。　2　支援への感謝の言葉がラベルに書かれた紬美人「復興の酒」（右）と、Kura Masterで金賞を受賞した「紬美人純米大吟醸」。

店内では、野村醸造の日本酒各種のほか、系列の食品部門で製作される豊富な種類のジャムやお酢なども購入できます。

欧文の看板が古い日本家屋と不思議にマッチして、独特の雰囲気を醸します。

地域の食の拠点となることが、恩返し

水害から約2年が経過した平成29年11月。テーブルコーディネーターの堀江千秋さんの見立てによるヨーロッパ製の家具やカトラリーをそろえ、若き専属シェフとパティシエを迎えて、「BRASSERIE JOZO」がスタート。野村醸造にとっても新たな幕開けとなりました。「酒蔵が営むフランス料理店という特徴を生かして、酒蔵体験と食を組み合わせたワークショップなどを積極的に行うようになりました」と野村さん。

地域と日本全国、そして世界をつなぐガストロノミーツーリズムの拠点となることが、支援をしてくれた人たちへのいちばんの恩返しになるはずと、野村さんは情報発信を続けます。

裏庭を眺められる位置に設けられた個室は、野村さんいちおしの空間。「地域の会合などにもご利用いただいています」。

6

4

5

3　地元の食材を楽しめるボリューム満点のコース。　4　香草を合わせたバターソースが食欲をそそります。　5　コースにはコーヒーもしくは紅茶が付きます。紅茶は各種フレーバーがそろいます。　6　守り神のように鎮座する金庫は、建物ができる前から野村醸造に伝わるものだとか。

INFORMATION

address｜常総市本石下 2052　tel｜0297-42-2056
open｜ランチ 11:30 ～ 15:00、ディナー 17:30 ～ 21:00
close｜月（祝日の場合は火曜）
money｜カード可
web site｜http://www.tsumugibijin.co.jp/jozo/

ACCESS｜石下駅から北へ約1.2km（車で約3分）

RETRO SANPO

DAIGO AREA

歴史を感じさせる建物が並び
魅力的な場所や人が集まる「大子」
伝統的な街並みを眺めながら
おいしい、楽しいが詰まっている4軒を
巡ってみてください

DAIGO AREA
RETRO SAMPO
01

築100年のダメージ物件が リノベーションで国の登録文化財に

daigo café

address｜久慈郡大子町大子 688
tel｜0295-76-8755
open｜11:00 ～ 18:00 (L.O.17:30)
close｜水
seats｜32 席　店内喫煙席無(喫煙スペース有)
money｜カード可
web site｜フェイスブックあり

大正5年に建てられ、商店やタバコ屋として営まれてきた建物がカフェとして再出発。「30年ほど空き家でかなりのダメージがありましたが、立地や雰囲気が自分のイメージにぴったりでした」とオーナーの笠井英雄さん。柱や壁で使えるものは残し、元々あった柱時計や家具などはきれいに洗って店に置き、昔の雰囲気を壊さない空間を大切にしました。平成27年、店舗のリノベーションが評価され、国の登録有形文化財に登録。「これからも地元のために何ができるか考えていきたい」。

1年間の改修工事を経ておしゃれなカフェに。提供する料理やスイーツは、「地元で頑張っている人を応援したい」と、リンゴ、ワサビ、シャモなど地場産の食材を積極的に取り入れています。

きじめん
器而庵
あります

大子漆の伝統工芸が映える歴史を紡いできた見世蔵

大子漆八溝塗器而庵《きじあん》

address｜久慈郡大子町大子 624
tel｜0295-72-2775
open｜10:00 ～ 17:00
close｜火～金（営業は土、日、月のみ）
money｜カード可
web site｜http://www.tsujitohru.jp

土蔵造りのギャラリーは、明治29年に建てられた旧外池呉服店。外壁に黒漆喰《しっくい》、2階の観音開きの窓に掛子塗りを施すなど、高い左官技術をみせています。ここは、木漆工芸作家辻徹さんが、大子漆を100年先の未来に伝えるために立ち上げた漆器ブランド「大子漆八溝塗器而庵」の店。風格のある建物に映える辻さんの作品は、お椀や皿、盆、箸など日常使いの器が中心。「漆器は使うほどにツヤが増し、使い込んで育てていく楽しみがあります」。

漆の採集精製に始まり、木地加工塗仕上げまで、一貫性にこだわり、丹精込めて制作する辻さんの作品は、手にとった時にふっくらとした温もりが伝わってきます。

自然の絶景と石造りのサウナに ふわっと心が解放される至福の時

「自然、文化、食の魅力あふれる大子で、ゆったりと過ごしてもらいたい」と、一級建築士のオーナーが2023年秋に開いた、石蔵のプライベートサウナ併設の古民家の宿。入母屋の屋根、重厚な梁《はり》、繊細な欄間、囲炉裏《いろり》など、日本建築の美に心が和みます。敷地内にある大谷石の蔵をリノベーションしたサウナが人気で、外気浴のスペースからの眺めは最高です。静かな環境でありながら、徒歩圏内にカフェや郷土料理店などが点在する利便性もうれしい限り。

大谷石の蔵サウナと古民家宿
DAIGO SAUNA

address｜久慈郡大子町大子 354-11
open｜チェックイン 15:00 ～
　チェックアウト ～ 11:00
seats｜予約可
　※予約は daigo-sauna@addliv.co.jp
　公式 LINE https://lin.ee/fVbletr
money｜カード可
web site｜https://daigo-sauna.jp/

風情ある日本建築の宿では、プライベートでゆったりくつろげる一棟貸しプランを提供しています。庭では BBQ も楽しめます。薪ストーブ、アイランドキッチンを配したリビングは、大型スクリーンやプロジェクター、ホワイトボードを備え、会議などに幅広く利用できます。寝室は全３室。

コーヒー担当の和田まりあさん、家具担当の中村聖さん、看板犬の豆多《まめた》君がお出迎えしてくれます。ソファ、テーブル、カウンターなどお気に入りの席でゆったりと過ごせます。天気の良い日は、庭のテーブル席もおすすめ。

築150年の古民家を再生した自家焙煎コーヒーと古家具を扱うカフェ

のどかな田園風景に映える古民家のカフェ。明治元年に建てられたという家屋を、地域おこし協力隊だった二人が友人やボランティアの協力を得て、約10ヵ月の期間をかけて再生。非日常の空間でありながら、実家にいるような居心地の良さが評判です。店内にある焙煎機で自家焙煎したスペシャルティコーヒー、大人の苦味を効かせた味わいのコーヒーゼリーなどのメニューを味わえます。リペア・リメイクした古い家具、器なども販売しています。

コーヒーと家具のお店
hajimari

address｜久慈郡大子町矢田 654
open｜10:00 ～ 17:00
close｜月、火、水（土日祝日の不定休あり）
seats｜予約不可
money｜カード可

28
HITACHI

O'Keeffe

オキーフ

おいしいケーキとコーヒー、ときどきアート
シンプルな空間にただよう満ち足りた時間

海辺の街のくつろぎカフェ

太平洋を一望できる美しい駅、日立駅。そこから、海を左手に徒歩で15分ほどの閑静な住宅街にカフェ「O'Keeffe」はあります。一般住宅をリノベーションした店舗は、やわらかな色合いの白い壁と赤い屋根、緑の庭が目印です。

店内のインテリアは、白を基調としたごくシンプルなもの。温かみのあるアートや雑貨が心を和ませてくれます。この心地の良い空間でいただけるのは、極上の手作りケーキと自家焙煎コーヒー。店主の井上克展さんが毎日丁寧につくるケーキは、奥久慈卵や国産小麦などの素材にこだわり、甘さを抑えたやさしい味です。看板メニューとも言えるキャロットケーキは、あえて粗みじんに刻んだ人参がざっくりと混ぜ込まれており、小麦の豊かな風味を感じながら、たっぷりのクリームチーズとともにぜいたくにいただきます。評判のチーズケーキは、土台のココアクッキーのほろ苦さとフランボアーズソースの甘酸っぱさが、口どけなめらかなチーズによく合い、リピーターが絶えないそうです。ケーキは、季節によってラインナップが変わるため、そのときどきの出合いが楽しめます。

ゆったりとした空間にセンスの良い家具が配され、静かに心のままに過ごせます。アートを楽しむカフェギャラリーになることも。

シンプルだけど温かい。すっと歩みが進むエントランス。

1　年に数回はカフェギャラリーに。自由に手に取って読める本も多数ありブックカフェの一面も。　2　コーヒーとケーキとお気に入りの席。他に何もいらない時間。　3　甘さ控えめのキャロットケーキ。ぽってりとのったクリームチーズがよく合います。　4　ぜひ一度は味わってほしい至福のチーズケーキ。お互いを引き立たせるような、淹れたてのコーヒーとともに。

4

自家焙煎コーヒーととも に思い思いの時間を

スタッフの樫村悦子さんがローストする自家焙煎コーヒーは、香り高くまろやかですっきりとした後味。一杯一杯、丁寧にハンドドリップで提供される淹れたてのコーヒーは、ケーキにとてもよく合います。

人とのご縁を大切にしている「O'Keeffe」では、年に数回、個展を企画したり、ハンドクラフトのワークショップを開催したりしています。「訪れるお客さまには、この空間で思い思いにゆっくりと過ごしてほしい」と穏やかな笑顔で語ります。

INFORMATION

address｜日立市相賀町 5-13　tel｜0294-89-9045
open｜水〜日（営業時間はインスタグラムで要確認）
close｜月、火、不定休あり
seats｜テーブル席 19 席
money｜カード不可
web site｜インスタグラムあり

ACCESS｜日立駅から南西へ約1km（車で約２分）

海辺の街に良く似合う、やわらかな色味の赤い屋根と白い壁。緑の庭とともに、お客さまを温かく迎え入れます。

ハンドドリップで丁寧に淹れたコーヒーの香りに包まれる穏やかなカフェ。思いのままにゆったりと過ごせます。

29
HITACHI
OTA

金茶猫と庭仕事

キンチャネコトニワシゴト

本と植物に包まれるやさしい時間
鯨ヶ丘商店街のブックカフェ

スローな街の心和むブックカフェ

　ノスタルジックな雰囲気がただよう常陸太田市の鯨ヶ丘商店街。「梅津会館」として親しまれているレンガ造りの元市役所の隣に、シックなグレーの建物があります。ここは、本好きやアンティーク好きだけでなく、静かな時間を過ごしたい人が思い思いの時間を過ごすブックカフェ。一歩足を踏み入れると、本と植物と温かみのあるインテリアがやさしく迎えてくれます。この建物は、かつては司法書士事務所だったそうで、向かいにあった法務局の移転に伴い事務所も移転。震災で傷んだ所を修繕しつつリノベーションを施し、2015年1月に本好きの店主がブックカフェとして新たな息を吹き込みました。

ふと見上げると見覚えのある野花たち。ふわふわのボールもすすきをたくさん集めて束ねたもの。本と植物への愛情を感じる空間。

エントランスに並ぶのは、店主のセンスが伺えるアンティーク家具や雑貨の数々。お客さまをやさしく迎え入れます。

絵本や実用書、雑誌などさまざまなジャンルの本が並びます。

本とコーヒーあるいは温かいスープ

店主は本はもちろん「雑草も含めて植物が好き」とのことで、天井からつり下げられたドライフラワーなどの多くは自宅の庭や畑から摘み取ったもの。雑草と呼ばれがちなものも多く、植物を愛するからこそ気づく植物の魅力が空間に温かみをもたらしています。店内の本は自身の蔵書のほか、本好きの仲間から譲り受けたもの。改めて数えたことはないそうですが、1,000冊は優に超えているとのこと。どの本も手にとって自由に読むことができ、購入できる古本もあります。

カフェのメニューは、ケーキセットとスープセット。季節の果物のケーキはコーヒーに良く合います。スープと混ぜご飯のセットは、ふわりと心がほぐれるやさしい味。コーヒーを片手に読書にふける。忙しい日常の中で忘れかけていた何かを思い出させてくれるようなスローなカフェです。

おもむろに本を一冊とって、お気に入りの席につく。本をめくる音とともに豊かな時間がゆっくりと流れていきます。

4

1　壁にもカウンターにも本がずらり。今日の一冊に迷うほど。　2　スープセット。この日はナスとジャガイモのみそ汁と栗ご飯。季節ごとのやさしい味が待っています。　3　レンガ造りの「梅津会館」隣。鯨ヶ丘商店街のノスタルジックな雰囲気になじむ上品な外観。　4　卓上のドライフラワー。自然が生み出す植物の造形美に魅せられます。

INFORMATION

address｜常陸太田市西二町 2185
open｜12:00 ～ 18:00
close｜月、火、土、日　(毎月8日)
seats｜テーブル席8席　カウンター席2席
money｜カード不可
web site｜https://kinchaneco.shopinfo.jp/　インスタグラム、フェイスブックあり

ACCESS｜つくば駅から南東へ約1.8km（車で約7分）

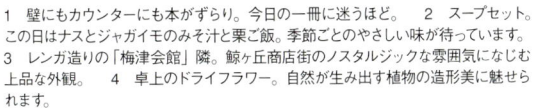

30
DAIGO

咲くカフェ

サクカフェ

里山の風景に溶け込む70年代の洋風家屋
日常でありながら、非日常を楽しむ

古材を再利用し、実家をリノベーション

緑豊かな里山に囲まれたカフェ&ゲストハウス。平成29年のオープン以来、県内外からカフェ好きが集まる人気店です。コンセプトの一つは、〝日常と非日常〟。「地元の人たちが気軽に利用できる場所でありながら、ここで過ごす時間は非日常を感じる空間でありたい」とオーナーの櫻山啓三郎さん。その思いを実現させるため、築40年以上の実家をリノベーションする際に、古民家を生かしたデザインとモダンを融合させました。資材は、家や床を壊す過程で出た古材を再利用。「自分でできる限りのところまで作業し、できない部分は職人さんにお願いし、約1年半かけて完成させました」。テーマカラーのブルーとグレーを入り口ドアやインテリアのポイントに使い、深く座れるよう机や椅子の脚をカットしたり、照明を工夫したりなど、気分が上がる演出が随所に見られます。

テーマカラーのブルーとグレーが混ざり合う入り口。

窓越しに見える庭も絵になる風景。“食・茶・甘・酒・泊”×music。この文字列に「咲くカフェ」を表現。

野菜ソムリエの櫻山さんが提供する「季節のランチパスタプレート」（スープ・ドリンク付きで1,500円）。

音楽があってこそ成り立つ空間

櫻山さんは、LEMSという名で音楽クリエイターとして活躍しています。クラブDJ、自作の曲をリリースするなど、世界に向けて情報を発信し続けています。「咲くカフェ」もその作品の一つといいます。「雰囲気の良い空間づくりに音楽は欠かせない」と、朝、昼、夕方、夜、四季折々それぞれのシーンごとに、BGMの曲や音量までを変えているのです。

平成30年、「咲くカフェ」は、「地元にあるものを活用し、食、宿泊、交流の場に多くの人を招き入れ、ネットワークを生み出して情報発信する地域創生の仕組みを作った」と評価され、「いばらきデザインセレクション」で最高位の知事選を受賞しました。「表参道にも負けない（笑）おしゃれな空間、茨城を代表するカフェ、そんな地元の人たちが自慢できるような存在になりたい」。

音楽家として世界に向けて自作の曲を発信しています。店内に流れる音楽は空間づくりに欠かせないアイテムです。

1　グレーにペイントしたランプシェード。　2 「咲くカフェ」オリジナルソースはお土産にもおすすめです。　3　建物と庭をつなぐデッキスペースは、抜群の開放感。　4　奥のフロアにある囲炉裏が郷愁を誘います。

INFORMATION

address｜久慈郡大子町大子 416-1　tel｜0295-76-8320
open｜11:00 〜 22:00（ランチ〜 15:00）　close｜月、火（祝日は営業）
seats｜室内 27 席　テラス席 20 席　※屋外に喫煙スペース有
guest room｜3 部屋
money｜カード可
web site｜https://saku.cafe/

ACCESS｜大子駅から北へ約550m（徒歩で約8分）

2階にある「cafe miharu」に入る手前の空間。三代目女将の渡邉さんが目の前の海から拾った石が、アート作品のように並んでいます。

31

HITACHI

三春

ミハル

海を望む端麗な和空間で味わう
心尽くしの料理とスイーツ

瓦越しに見る日立の海が美しい。「ここからの眺めがいちばんです」と三代目女将の渡邊さん。水平線が見渡せる特等席。

女将三代それぞれの「三春」

全面ガラス張りの現代的な駅舎で知られる日立駅から、通りを歩いて3分ほど。日立の海を一望できる場所に、75年の歴史を持つ「三春」はあります。

始まりは昭和25年に初代女将が始めた「ちょっと飲んでけや三春」という小料理屋でした。ハイカラな女将が作る料理の味ですぐに人気店となり、増築を重ねていったそうです。

二代目女将の時代には、板前3人を抱える料亭となり、芸者をあげて粋に遊べる社交場として、地元企業の重役たちに重用されました。三代目女将の渡邊映理子さんがふりかえります。「私が子どものころ、このあたりは花街だったんです。検番と呼ばれる芸者さんの取次所があって、よく店の従業員と散歩がてら出かけ、芸者さんの予

建物の外観。増築を重ねているため、玄関口から想像するよりも内部空間は奥深く広がっています。

約をしに行ったものです」。通りに軒を連ねる料亭の中でも、「三春」の建築の独自性は当時から際立っていました。「昭和50年代に増築した際のデザインは、すべて私の父が手掛けたもので、今でも三春はその姿のままです。日本建築ですが、個性的な意匠がいろいろな所にあるんですよ」。それもそのはず、渡邊さんのお父さまは、日本を代表する芸術家です。建物内部を見渡せば、部屋ごとに障子の組子の幅が大胆に異なっていたり、床の間の素材に真っ白な大理石が用いられていたり。廊下に施された数々の魅力あふれる室礼《しつらい》も含めて、モダンで洗練された芸術感覚が「三春」独特の空気感を醸しています。驚くのは、存在感のある調度品の隣で、素朴な野花や渡邊さんが海岸で拾った小石までもが、端正な表情で並び、空間を演出する見事なピースとなっていること。「父も母も私も調度品を飾

ることが大好きで。しかも、私は、石拾いが趣味で（笑）。それぞれが好きに飾っていくんです。父が気に入らないものは下げられてしまうんですけどね」。

玄関内部。「cafe miharu」を利用する際は、中央のカウンターで注文と支払いを済ませて、左手にある階段から２階へ。「三春」で食事をする際は、写真中央奥に並ぶ、趣の異なる個室へと案内されます。

無理をせずに気持ちの良いことを

現在店は、日本料理を提供する完全予約制の「三春」と、以前は宴会場だった2階を利用する「cafe miharu」の二つの業態で運営されています。供される料理とスイーツは、すべて渡邊さんが自然の素材を生かし、手間を惜しまず作るもの。

　中でも思い入れのある品が、先代から店の名物だった「笹巻きごはん」だといいます。「前の日立市長さんが笹巻ごはんのファンで、新駅舎完成レセプションの際に手土産としてお客さまにお渡ししたいと準備を進めてくださったんです。結局、東日本大震災が起きて中止となりましたが、被災後に、そうだ、三春には笹巻きごはんがある、と思えたことが店を立て直すきっかけとなりました」。具に使っていたうなぎの価格が高騰したため、県産の豚肉を使用して試作をくり返し、完成した

白い大理石を素材に使った床の間。黒い器とのコントラストが美しい。

いちばん奥にある個室。窓際の壁と床に施された独特の意匠に、和室ながらも現代的なセンスが感じられます。障子を開けると、目前に海があるシチュエーション。

3

1

4

1　渡邊さんの海岸の石コレクション。　2　色鮮やかな韓国の人形は二代目女将が集めたもの。　3　カフェに置かれた愛らしいラクダのオブジェ。実際に座れるくらいの大きさです。　4　韓国の古箪笥《ふるだんす》。「韓国の調度品には素敵なものが多いんですよ」と渡邊さん。

2

「cafe miharu」の空間。手作りスイーツとお茶を味わいながら、好きな目線でゆっくりと海を眺めるうちに、心も体も開放されていきます。

ものを都内有名デパートとかけあって通信販売を開始。半壊状態の建物は、元の状態をよく知る大工さんに可能な範囲で修繕を依頼し、震災から約1年後、「三春」は営業を再開。その告知のために、2階でイベントを始めたことが、今の「cafe miharu」につながっています。「最近は、無理をせず、自分にとって気持ちの良いことを選んでやっています。それがやっと少し楽しくなってきたかな」と笑顔を見せる渡邊さん。

日立の海を背景に、三代目女将が自然体で提供する、もてなしの空間と心尽くしの料理。四季折々で少しずつ表情を変えながら訪れた者の五感を満たし、心と体に滋養を与えてくれます。

三代目女将の渡邊映理子さん。料理もすべて担当。素材の味を生かした手を抜かない料理が訪れる者の心をつかみます。

5　お昼のコース（3,850円）。前菜3品、玉子焼き、茶椀蒸し、蕎麦の実の鴨出汁餡かけ、揚物、笹巻きごはん、デザートと充実の内容。他4,950円のコース、笹巻きランチ2,750円もあります。6　固めが人気の「えりこさんプリン」。　7　宇和島直送の新レモンを使った「レモンのケーキ」。

INFORMATION

address｜日立市旭町 2-8-14　tel｜0294-22-1567
open｜［三春］完全予約制　昼の部 11:30 ～ 14:30、夜の部 18:00 ～ 21:00
［cafe miharu］予約不要　13:00 ～ 18:00 頃（L.O.17:00）
close｜［三春］昼の部　月、火　夜の部　月、火、日　［cafe miharu］月～金
seats｜［三春］4 室　［cafe miharu］20 席～　money｜カード不可
web site｜https://miharu-hitachi.square.site/　フェイスブック、インスタグラムあり

ACCESS｜日立駅から南へ約280m（徒歩で約4分）

32
HITACHI

OttO ANTIQUES

オット アンティークス

年代物の価値を共有できる仲間たちとつくり上げた
魅惑のアメリカンアンティーク天国

有言実行のクラフツマン

日立市街地にある石畳の小径に面した一角に、そこだけまるでブルックリンのような雰囲気を醸す2店が並んでいます。アンティークショップの「OttO ANTIQUES」と美容室の「＃01（ゼロイチ）」。建物の内部でつながるこの2店舗を経営するのは、美容師の中川雄貴さんです。

代々ものづくりを得意とする職人の家系に育ち、自らの名刺にも役職の代わりに「craftsman（職人）」と記す中川さん。2年間車中で寝泊まりし、膨大な練習時間を捻出することで美容師としての技術を身につけたという、まさに有言実行を地で行く職人肌の人物です。

その中川さんが、平成29年、2店舗あった店を一つにまとめる計画を立てた際、昔から好きだったアーリーアメリカンのアンティークを扱う店を併設することを考え、舞台として選んだのが築50年以上経つビルの、この広大なスペースでした。

リノベーション作業は、古い物の価値を共有できる専門職人たちを中心に、美容室のスタッフも一緒になって進め、商品は、中川さん自らが〝当てもないのに〟アメリカに飛び、奇跡的に出会った信頼のおけるバイヤーと契約を結んで、現在も定期的に仕入れを続けています。

迫力の店舗1階。壁や天井は元のコンクリートを露出させています。無造作に見えますが、配線・配管などの処理はスマートで見事。

店舗外観。手前が「OttO ANTIQUES」で、奥が美容室の「＃01」。古いビルの1階にセンスある店舗が並ぶ様子が外国の街並みを思わせます。

「OttO ANTIQUES」の店内から見た美容室「#01」。白いサブウェイタイルは、スタッフの手で貼ったもの。家具はすべてアンティークで販売もしています。

自分だけの個性を生み出すツール

「アンティークの魅力は、新しいものと組み合わせたときに生まれるギャップ。それがその人ならではの個性を生み出すところですね」と中川さん。

求めやすい価格の小物からそろえるのは、髪をデザインしたお客さまに、気軽に日常にもアンティークを取り入れ、より自分の空間を気持ち良く演出していってほしいという思いから。商品の入れ替え時には店内のディスプレイをがらりと変えてお客さまを驚かせることも。常に刺激ある個性を発信し続けることが中川さんの矜持の一つ。技術と知識に裏打ちされたそのセンスが、ファンの心を惹きつけてやみません。

代表の中川雄貴さん。物静かな佇《たたず》まいからは想像がつかない、大胆で刺激的な計画を一つひとつ実現していく方。今後の展開にも注目です。

INFORMATION

address｜日立市鹿島町 1-14-7　tel｜0294-51-3636
open｜平日 10:00 ～ 19:00　土、日 9:00 ～ 18:00
close｜火、第 3 月曜
money｜カード可
web site｜http://ottoantiques.com/　インスタグラムあり

ACCESS｜日立駅から日立中央 IC 方面へ約 1.9km（車で約 5 分）

1　マクラメのワークショップも開催しています。　2　時計も人気商品の一つ。豊富な種類がそろっています。　3　ビンテージの缶バッチなど、若い人が手に取りやすい小物類も豊富。　4　階段を上がった 2 階スペースでは、テーブル、ソファなどの大型家具を販売。　70 年代から 90 年代物の古着も 2 階で扱っています。

33
HITACHI OTA

オープンギャラリー倉

オープンギャラリークラ

時の流れを経た赤煉瓦の温かみが、
作り手と使い手のつながりを育む

ちょうど展示準備をしていた、多肉植物や寄せ植えを手掛けるAmmieさんと手づくり洋服雑貨のkiki-handmadeさんに撮影にご協力いただきました。

スロータウン鯨ヶ丘のモニュメントとして

　珍しい3階建ての赤煉瓦蔵を利用した「オープンギャラリー倉」は、〝スロータウン〟を掲げたまちづくりで知られる常陸太田市の鯨ヶ丘商店街にあります。

　管理運営するのは、「オープンギャラリー倉」と隣り合って建つ雑貨店「サニーサンデイ」の店主、小泉正人さん。生まれ育ったこの地に残る伝統に敬意を払いながら、若い世代の文化と融合させることで、鯨ヶ丘の新しい魅力づくりを牽引してきた人物です。

　「ここは明治時代に稲田屋という酒の醸造所だったようですが、父が土地を手に入れたときにはほぼ更地で、この赤煉瓦蔵だけが残っていたんです」。

　何十年も封鎖されていた建物を、小泉さんのお父さまと有志が1年がかりで掃除し、筑波大学に建物の調査を依頼すると、明治43年、この地に住む宮大工の斎藤茂吉さんが建てたものであることがわかりました。「ぜひ鯨ヶ丘のモニュメントとして残したい」と考えたお父さまは、ギャラリーとして活用することを決意し、運営を息子の正人さんに託して、階段や水回りが整備されていきました。

蔵戸前には、お店の看板として鏝絵《こてえ》などが装飾的に施されていることがあります。

「オープンギャラリー倉」の隣で雑貨店「SUNNY SUNDAY」を営む小泉さん。鯨ヶ丘のにぎわいづくりを牽引する一人です。

このまちで時代をつないでいく喜び

現在は1階のみを貸しギャラリーとして提供していますが、毎年3月にまちをあげて開催する「スロータウン鯨ヶ丘ひなまつり」や、12月に小泉さんが主催し80以上の店や団体が出店するイベント「12月倉」の際には、通常とは異なる趣向を凝らした展示が楽しめます。

「イベントに来てこのまちを気に入ったら、ぜひ普段の日にも気軽にこの『倉』に立ち寄り、まちを散策していただけたら」と語る小泉さん。人との出会いを醸成するという新たな役目を得て、100歳を優に超える赤煉瓦蔵は、まだまだ活躍を続けます。

作家さんが蔵で個展や、マルシェを行うなど、使い方はさまざま。

1、4　通常は非公開の3階には、小泉さんのお母さまの手による吊るし雛が飾られています。太い梁《はり》組には、建築年と手掛けた大工の名がはっきりと見てとれます。　2　煉瓦と瓦を使った入り口の演出。　3　手前の白い建物が「SUNNY SUNDAY」。正面を合わせ、経年変化をする漆喰《しっくい》壁にしたことで、赤煉瓦蔵との調和が図られています。

INFORMATION

address｜常陸太田市東一町 2295-2　tel｜0294-72-3025
open｜10:00 ～ 17:00　※変動あり
close｜月、木
price｜1日レンタル 3,000 円～（応相談）
money｜カード可
web site｜フェイスブックあり

ACCESS｜常陸太田駅から北へ約1.3km（車で約3分）

INDEX

あ

か

さ

た

取材執筆／海藤和恵　笠井峰子　田中典子　依田直子
撮　　影／新垣宏久（P6 ～ 13、P18 ～ 21、P26 ～ 33、
P38 ～ 45、P50 ～ 53、P66 ～ 73、
P88 ～ 107、P126 ～ 141）
デザイン・DTP ／ゆたり編集室

茨城 古民家・レトロめぐり旅　増補改訂版
こだわりの空間とすてきなお店へ

2024 年 12 月 25 日 第 1 版・第 1 刷発行

著　者　ゆたり編集室（ゆたりへんしゅうしつ）
発行者　株式会社メイツユニバーサルコンテンツ
代表者　大羽 孝志
〒 102-0093 東京都千代田区平河町一丁目 1-8
印　刷　株式会社厚徳社

◎『メイツ出版』は当社の商標です。

ご意見・ご感想はホームページから承っております。
ウェブサイト https://www.mates-publishing.co.jp/

企画担当 : 堀明研斗

本書は 2020 年発行の『茨城　古民家・レトロめぐり旅　こだわりの空間とすてきなお店へ』を基に、新しいコンテンツを追加し、ページの増量と必要な情報の確認を行い、「増補改訂版」として新たに発行したものです。